돈미새

돈에 미쳐야,
돈도 당신에게 붙는다

돈미새

정윤진(돈버는형님들) 지음

모티브

| 들어가며 |

돈미새가 무슨 말인지 아는가? 조금 상스럽지만, '돈에 미친 새끼'의 줄임말이다. 우스갯소리로 하는 말이지만, 돈에 진심인 사람에게 보통 이런 별명을 붙여준다.

'너 돈미새냐?' '형, 그렇게 안 봤는데 완전 돈미새네요 ㅋㅋ' 같이 말이다.

내가 운영하고 있는 유튜브 채널명이 '돈버는형님들'이다. 채널명처럼 돈에 대한 이야기를 많이 한다. 그러다 보니 일부 시청자들은 '돈이 얼마나 좋으면 저래? 저렇게까지 해서 돈 벌고 싶을까?'라는 댓글을 다는 사람들이 있다. 안타깝지만 그들에게는 공통점이 있다. 돈을 정말 벌고 싶어 유튜브를 시청하고 있지만 정작 어떻게 돈을 벌어야 할지 모른다는 사실이다.

질문 하나를 해보겠다.

가난한 사람과 부유한 사람 중 누가 돈에 대한 생각을 더 많이 할까? 노골적으로 누가 더 돈에 미쳐 있을까?

단언컨대, 가난한 사람이 돈 생각을 더 많이 하고 돈에 더 미쳐 있을 확률이 높다. 왜냐면 돈을 벌기 위해 부유한 사람보다 훨씬 더 많은 시간 일을 해야 하고, 돈 때문에 스트레스 받을 상황들이 부유한 사람들보다 훨씬 더 많기 때문이다. 사람들은 가지지 못한 걸 갖고 싶어 한다. 부자는 돈이 충분하다. 그래서 돈보다 상대적으로 경험, 성장, 사람에게 관심이 많다. 하지만 돈이 없는 사람은 생존을 위해 대부분의 시간을 돈 버는 데 사용하며, 돈에 집착하게 된다. 더 나아가 원하지 않는 일을 돈 때문에 억지로 하며 산다.

안타깝지만 이게 차가운 현실이다.

자, 그럼 누가 더 돈에 미친 사람이라고 할 수 있을까?

서점에 출간된 책들을 보면 이미 엄청난 부를 이룬 사람들이 자신의 성공담을 자랑하듯 이야기하는 내용들이 많다. 솔직히, 그들은 일반인 범주를 벗어난 아주 특별한 사람들이다. 그래서 이 책을 보는 여러분, 그리고 이 글을 쓰고 있는 나와 같은, 평범한 사람들의 생각과 다르며, 그들의 인사이트가 우리의 삶에 적용이 안 되는 경우가 많다. 미리 말하지만, 난 수백억 원을 가진 자산가도 아니고 누구나 다 알 정도의 엄청난 성공을 거둔 사람도 아니다. 그런 내가 책을 쓴 이유는 특별하지 않은, 평범한 사람이 생각하는 돈에 대한 이야기를 노골적으로 해보고 싶었기 때문이다.(제목을 봐도 꽤 노골적이지 않은가?)

단돈 만 원에도 손을 벌벌 떨던 지독한 흙수저였던 내가, 불과 5년 만에 연매출 50억 원의 사업가가 되며, 비로소 조금은 돈에서 자유로워질 수 있었던 비결은 바로 '돈'이 무엇인지, 어떻게 해야 돈을 더 벌 수 있는지 깨달았기 때문이다. 물론 돈보다 더 소중한 가치들이 있다. 나도 인정한다. 가족, 건강, 친구, 사랑, 우정은 돈보다 훨씬 소중한 가치들이다. 하지만, 정작 덜 소중한 돈이 없으면 더 소중한 걸 지키기 힘들어진다. 돈을 통해 소중한 가치를 지킬 수 있는 게 우리가 사는 세상이고 자본주의의 현실이다.

고상한 척하며 돈 이야기를 터부시하면, 평생 돈 때문에 힘들어하게 된다.

'난 돈 없이도 행복하게 살 수 있다.'고 말하는 사람들은, 주변 사람을 힘들게 한다. 과거의 내가 그랬으니 누구보다 잘 알고 있다.

그 사실을 깨닫고, 가난에서 탈출하기 위해 열심히 달려왔더니 많은 것이 변했다. 어떤 변화가 생겼냐고? 지금부터 그 이야기를 해보려고 한다. 이 책이 돈 때문에 몸부림치며 괴로워하는 사람에게 한 줄기 빛이 되길 진심으로 바란다.

돈버는형님들 정윤진

contents

1

돈이 없으면
눈에 뵈는 게
없는 이유

통장 잔고가 내 자존감의 크기다

통장에 잔고가 많으면 알게 모르게 든든하다. 휴대폰에 보이는 돈은 숫자에 불과하지만, 그 숫자가 주는 묘한 만족감이 있다. 몇 십만 원밖에 없던 통장에, 월급이나 성과급이 들어오면 몇백만 원으로 늘어난다. 그 숫자를 보고 있으면 은근히 기분이 좋다. 하지만 그 기쁨도 잠시, 카드값, 대출 이자, 휴대폰비, 보험비 등 한 달을 버티지 못한 채, 그 든든했던 숫자는 이내 신기루처럼 사라진다.

대학교 때의 일이지만 지금도 생생히 기억난다. 학교를 마치고 여자친구를 기다리기 위해, 당시 부산의 핫플레이스였던 남포동에 간 적이 있다. 그때 영화관 앞에서 실랑이를 하는 한 커플을 봤다. 여자친구는 남자친구에게 영화를 보러 가자고 조르고 있었다. 하지만 남자는 영화관에 들어가기 싫다고 등으로 버티고 있었다. 그러다 여자친구가, 땅을 쳐다보며 온 힘을 다해 양손으로 남자친구 등을 영화관 쪽으로 밀었다. 그 찰나, 남자친구는 오른손으로 주머니 안에 지폐가 몇 장이나 있는지 얼른 확인하고 인상을 찌푸리는 걸 봤다. 아마도 영화를 볼만큼의 돈은 없던 것 같았다. 자존심 때문에 여자친구에게 돈이 없다고 말도 못하는 곤란한 상황인 것 같았다. 그 모습을 옆에서 지켜봤던 내가 다 안타까웠던 기억이 난다.

대학 시절부터 돈이 많은 친구들은 당당했다. 돈이 있으면 뭐든 가능했으니까. 맛없는 학식을 먹지 않고, 학교 앞에 있는 부대찌개나 두루치기를 사 먹을 수도 있었고, 방학 때마다 유럽 여행도 가곤 했다. 나이키 신발, 아디다스 바람막이, 노스페이스 패딩을 입고 다녔다. 여자친구가 있으면 영화도 보고 분위기 좋은 레스토랑에서 망설임 없이 카드를 긁을 수 있었다. 번화가 도로 옆 가판대에 깔려 있는 액세서리도 사줄 수 있었다. 돈만 있으면 불가능한 게 없어 보였다. 하지만 돈이 없으면, 가능한 게 없어 보였다.

난 어릴 때부터 돈이 없었다. 아버지는 중국에서 사업을 하다

망해 야반도주하다시피 한국에 오셨다. 어머니는 일평생 일해본 적 없는 가정주부였다. 아버지 사업이 망한 후 학비 낼 돈이 없어 학자금 대출을 받았다. 그 당시 아버지의 부도와 빚 때문에 3천 원짜리 학식을 먹을 돈조차 없었다. 집에서 계란을 삶아, 빈 강의실에 가서 몰래 먹곤 했다. 계란을 먹기 싫은 날에는 매점에서 500원짜리 빵을 사서 화장실에 숨어서 먹었다. 그땐 돈이 없어서 자존감이 낮았다. 대학생이 어떻게 3천 원도 없을까 생각하겠지만 난 없었다. 학교 갈 차비도, 학식 먹을 돈도 없어, 돈을 벌기 위해 대학병원에서 불법으로 피를 팔았다. 내 피 값은 100ml당 1만 원이었다. 한 번에 400~500ml의 피를 뽑고 그 자리에서 현금 4~5만 원을 받았다. 피는 자주 뽑을 수가 없으니, 돈을 벌기 위해 일용직, 일명 막노동을 했다. 새벽에 일어나, 역 주위에 있는 일용직 사무소에 가서 일당 6만 원을 받고 하루 종일 일했다. 추석과 설날에는, 시골에 가지 않고 단기 아르바이트를 했다. 돈이 없었으니까.

그런 하루하루를 보내다 우연히, 지하철 벽면에 부산교통공사 지하철에 대한 아이디어를 내고, 채택되면 3만 원짜리 교통카드를 주는 이벤트를 하는 걸 봤다. 3만 원을 벌기 위해 매일 부산교통공사 홈페이지에 들어가 아이디어를 냈다. 그때 부산 시민 중 가장 많은 아이디어를 낸 사람이 나였다. 100개가 넘는 아이디어를 내고 실제 교통카드를 받은 건 5번밖에 되지 않았지만 말이다. 영화를 보고 싶으면 시사회를 신청해 공짜로 보곤 했다.

대학교에서도 상금이 걸린 행사는 무조건 참석했다. 영어도 못 하는데 영어 말하기 대회가 열리면 상금을 받기 위해 신청했다. 보통 영어 말하기 대회는 외국에서 살다 온 학생들이 본인의 기량을 뽐내기 위해 참석하는 곳이다. 난 공대생이고 영어도 할 줄 몰랐지만 1등 상금이 200만 원, 2등 100만 원, 3등 50만 원, 장려상 30만 원이라는 걸 보고 눈이 멀어 신청했다. 영어 말하기 대회 주제에 맞는 내용을 유튜브에 검색해서 그 영상의 대본을 그대로 적고 외웠다. 유일하게 공대생 출신, 영어도 제대로 배우지 않은 '토종' 한국인으로 대회에 나가 장려상을 받았다. 그 상금으로 한 달을 버텼다.

학기 중 교내 10km 마라톤 대회가 있었다. 한국해양대학교에는 ROTC생과 해사대 학생들이 있다. 이쪽 학과의 학생들이 참석하는 행사인데, 난 상금만 보고 이 대회에 참석했다. 공대생으로는 내가 유일했다. 50명이 넘는 군인들이 체육복을 입었는데 그들과 경쟁해서 3등을 했고, 그 상금으로 롯데백화점 상품권 5만 원을 받았다. 창업대회, 독서대회, 글쓰기 대회, 멘토링 등 학교 공지사항에 올라온 것 중 돈이 걸려있다면 목숨 걸고 참석했다. 거기서 받은 상금으로 생활비를 썼다. 남들이 볼 땐 정말 열심히 사는구나라고 보였을 수도 있지만, 내 목적은 오로지 '돈'이었다. 어떻게든 생존하기 위해서 이렇게 살 수밖에 없었다.

그 당시 23살 때부터 만나던 여자친구가 있었다. 여자 친구 생일이 되었는데 내 지갑에는 4천 원밖에 없었다. 여자친구는 내 형편도 모르고 본인 생일 선물로 구두와 가디건을 사달라고 했다. 2개 합치면 7만 원 정도 되는 가격이었다. 부모님께 달라는 말도 못하고, 가지고 있는 돈은 한 푼도 없었으니 여자친구 생일이 다가올수록 마음이 너무 힘들었다. 대학생쯤 되면 돈이 많을 줄 알았는데, 4천 원밖에 없는 내 자신이 너무 싫었다. 여자친구의 생일 하루 전, 지갑을 부여잡고 방에서 1시간 넘게 울었다. 모든 것이 서러웠다. 가난한 집에서 태어난 것도 서러웠고 돈이 없는 것도 서러웠다. 그렇게 울면서 잠들었다.

대학 졸업을 앞두고, 40군데 넘는 회사에 입사지원서를 냈다. 한 군데는 얻어걸릴 줄 알았는데 서류에서 다 떨어졌다. 지방대 출신에 자격증도 없고 공모전 수상 경력도 하나 없었다. 해외 어학연수 경험도 없고 내세울 만한 스펙은 단 한 줄도 없었다. 난 무능력하고 학점 낮은 취업준비생일 뿐이었다. 대학교 4학년 2학기 졸업을 앞두고, 버스를 타고 집에 오는데 우연히 부산상공회

의소에서 청년을 대상으로 취업을 알선해 준다는 홍보 현수막을 봤다. 홈페이지에 들어가 보니 중소기업과 연계해서 취업을 시켜 준다는 내용이었다. 어디든 걸리기만 하라는 생각으로, 회사 위치를 보지도 않고 온라인으로 이력서를 냈다. 그리고 며칠 후, 면접을 보러 오라는 연락을 받았다. 회사는 경기도 화성에 있었다. 살면서 화성이라는 도시는 처음 들어봤다. 거기까지 버스를 타고 갈 돈도 없었다. 면접을 보러 갈지 말지, 한참을 고민하다 어머니께 말씀드렸다. 어머니께서 아껴둔 10만 원을 주면서 버스를 타고 갔다 오라고 해주셨다.

내 인생 첫 면접이었다. 직원이 20명 정도 있는 중소기업으로 반도체 부품을 파는 곳이었다. 나도 몰랐는데 온라인으로 지원한 직무가 기술/영업이었다. 사람이 급했는지 아무 스펙도 없는 나에게, 면접을 본 당일에 바로 출근하라고 했다. 나 같이 능력 없는 사람을 뽑는 걸 보니, 이 회사도 그저 그런 회사라는 생각이 들었다.

첫 취업이라 떨리는 마음으로 짐을 챙겨 회사에서 제공하는 기숙사로 갔다. 기숙사라고 해봤자 남자 직원 3명이 살고 있는, 회사에서 좀 떨어진 아파트였다. 돈 없는 학생 신분에서 벗어나 월급 받는 어엿한 직장인이 된 것 같아 기분이 좋았다. 수습 기간 3개월 동안 월급의 80%인 150만 원을 받았다. 아버지 사업이 부도가 나면서 집에 빚이 있었는데 매달 이자가 70만 원씩 나왔다. 취업을 한 뒤, 부모님이 내고 있던 이자 70만 원과, 어머니 용돈 30만 원을 매달 보내드렸다. 수습 기간이 끝나고 월급이 190만 원으로 올랐지만 식대, 교통비, 통신료, 보험비를 내고 나니 남는 돈이 없었다. 직장을 다녀도, 월급을 받아도 돈이 없는 건 학생 때랑 마찬가지였다.

회사는 작았지만, 그 안에서도 부자처럼 보이는 선배들이 있었다. 분당에서 출퇴근하는 선배, 명품 시계를 차고 있는 선배, 외제차를 타는 팀장, 부동산을 여러 채 가지고 있는 창고 직원이 보였다. 저 사람들은 도대체 뭘 해서 부자가 됐을까 궁금했다. 하지만 물어보진 않았다. 왜냐면 직장에서까지 내가 가난한 걸 들키고 싶지 않았기 때문이다.

거지는 발버둥 쳐도 거지다

회사를 다녀도, 월급을 받아도 내 형편은 조금도 나아지지 않았다. 돈이 없으니 항상 돈 생각을 하며 살았다. 그러다 우연히 주식이라는 걸 알게 되었다. 점심 먹을 때 선배들이 주식 이야기를 자주하곤 했다. 증권회사 친구에게 종목을 추천받았는데 상한가를 갔다느니, 하루 만에 50만 원을 벌었다느니 오늘 저녁에 한턱 쏘겠다느니 자랑을 했다. 난 어릴 때부터 부모님에게, 주식과 도박은 패가망신으로 가는 지름길이니 절대 하면 안 된다는 교육을 받았다. 하지만 여기 있는 사람들은 대부분 주식을 하는 것 같았다.

그때 당시, 월급 190만 원을 받는 내게 주식은 꼭 필요한 재테크처럼 느껴졌다. 주식으로 큰돈을 벌기보다 점심값이라도 벌고 싶었다. 주변 선배들도 월급으로는 답이 없으니 주식은 꼭 해야 한다고 조언해줬다. 얼떨결에 주식계좌를 개설하고 주식에 입문했다.

내가 처음 매수한 종목은 '기아자동차'(지금은 사명이 '기아'로 변경됨)였다. 회사에서 거래처 납품할 때 준 차가 프라이드였다. 기아자동차 회사의 재무제표 한번 보지 않고 당시 가지고 있던 전 재산 100만 원을 몰빵했다. 아무 근거도 없이, 내가 매수한 주식은 반드시 오를 거라는 확신을 가졌다. 주식투자를 하기 시작하자 새로운 습관이 생겼다. 바로, 1분에 한 번씩 주가를 확인하는 것이다. 시세를 본다고 주가가 올라가는 건 아니지만, 내 전 재산이 투자됐다보니 신경이 쓰일 수밖에 없었다. 퇴근 후 기숙사에 오면 주식 게시판에 올라온 글을 전부 읽었다. 뉴스 기사도 찾아보고 어떤 호재가 있는지 찾아봤다. 기아자동차를 매수한 후 내 눈에는 기아자동차밖에 보이지 않았다.

1달 정도 투자를 하니 기아자동차 같은 대형주는 주가 등락이 미비해서 단기간에 돈을 벌기 힘들 것 같다는 생각이 들었다. 그리고 투자금이 100만 원 밖에 안되니 주식이 올라도 별 이득이 없었다. 월급을 모아 100만 원을 추가로 매수했다. 총 투자금 200만 원으로 주식을 했다. 한 달에 10%만 먹어도 20만 원은 되니, 딱 점심값 정도 벌 수 있을 것 같았다. 투자금이 커지니 주가가 빨간색이면 종일 기분이 좋고, 반대로 파란색이면 기분이 우울했다. 나만 이런 게 아니라 주식투자를 하는 동료들도 마찬가지였다. 화장실에서 소변 볼 때, 엘리베이터 안에서, 밥 먹을 때, 운전할 때, 급기야 미팅할 때도 한 손에 휴대폰을 들고 끊임없이 주가를 확인했다. 옆 팀의 선배는 회사 컴퓨터에 대놓고 주식 창을 띄워서 매매를 하고 있었다.

2달 정도 투자했지만 대형주는 변동폭이 적어 재미가 없었다. 그때부터 소형주로 갈아탔다. 시가총액이 적은 주식들은 하루에 10% 이상 변동되었다. 마치 롤러코스터를 타는 것처럼, 하루하루가 긴장감이 넘쳤다. 아침 일찍 일어나 경제신문을 보고 투자 종목을 골랐다. 중국에서 게임이 히트할 것 같다는 기사가 나오면 게임주를 사고, 반도체가 강세일 것 같다면 반도체와 관련된 주식을 샀다. 하지만 내 예상대로 주가는 움직이지 않았다. 엄밀히 따지면 내 생각과 정확히 반대로 움직였다. 오를 것 같아서 사면 떨어지고 떨어질 것 같아서 팔면 올랐다. 생각대로 해도 안 되니 그냥 크게 한탕하고 싶은 마음이 들었다. 그래서 테마주도 사고 상한가 종목을 따라가기도 해보며 다양한 방법으로 투자했다. 하지만 아무리 해도 돈을 벌기보다 잃는 속도가 훨씬 더 빨랐다.

6개월 정도 주식을 하고 깨달았다. 나 같은 평범한 사람이 단기간에 주식으로 돈을 버는 건 불가능하다는 사실을. 내가 산 주식이 오늘 오를지, 내일 오를지 알 수 없었다. 마치 동전 던지기처럼 운으로 돈을 버는 것 같다는 생각이 들었다. 물론 장기적으로 우상향하는 주식이 있을지 모르지만, 난 장기투자를 할 수 있는 상황이 아니었다. 그리고 그런 우상향하는 주식을 살만큼 내겐 내공도 없고 경험치도 없었다. 내가 투자한 금액은 200만 원 밖에 안 됐지만, 외국인이나 기관들은 몇백억 원, 몇천억 원을 투자할 수 있는 돈이 있었다. 한마디로 UFC 헤비급 선수와 유치원생의 싸움이었다. 유튜브에는, 200만 원으로 2억 원을 만든 사람들의 인터뷰가 종종 내 알고리즘에 떴지만, 그건 어디까지나 특별한 사람의 이야기였다. 200만 원이 2억 원이 되려면 18번의 상한가를 맞아야 하는데 그게 현실적으로 가능할까? 중간에 빼지 않고 저점에 사서 최고점에 파는 것도 불가능했다.

주식을 시작하고 일에 집중할 수가 없었다. 피 같은 돈을 투자하니 계속 신경이 쓰였다. 아침 9시부터 장이 마감되는 오후 3시 30분까지 하루 종일 휴대폰만 보고 있었다. 급기야 미팅 중에도 몰래 휴대폰을 꺼내 시세를 확인하는 내 모습을 보니, 영락없는 주식 중독자였다.

주식에 회의감이 들 때쯤 충격적인 일이 생겼다. 당시 난 27세였고 우리 팀 팀장 나이는 나보다 10살 많은 37세였다. 팀장이 10년 후 내 모습이라며 본인의 급여명세서를 보여주셨다. 팀장 급여명세서를 봐도 될까 머뭇거리니, 내 눈앞에서 꺼내 직접 보여주셨다. 세금 떼고 실수령액 309만 원이 찍혀있었다. 내 급여가 세후 190만 원이었으니 10년 후 난 119만 원을 더 받을 수 있다는 계산이 되었다. 팀장 급여를 본 후 일할 의욕이 사라졌다. 내가 아무리 열심히 일해도 10년 후에 받는 월급이 309만 원밖에 안 된다는 걸 알아버렸기 때문이다. 그때부터 이직을 생각하게 되었다. 그러다 대학교 선배가, 본인이 이직한 외국계 회사에 자리가 났다며 지원해 보라고 연락이 왔다. 지금 다니고 있는 직장보다 월급을 최소 100만 원은 더 준다고 했다. 외국계 회사라 영어를 잘해야 한다고 했지만, 영어를 못하는 두려움보다 월급의 유혹이 더 커서 일단 지원했다. 그리고 운 좋게 합격했다.

마이너스 통장을 쓰면 인생도 마이너스가 된다

외국계 회사로 이직한 뒤 첫 월급을 받고 조금 놀랐다. 이전 회사의 팀장 급여를 초봉으로 받았기 때문이다. 마치 10년을 더 앞서간 느낌이 들었다. 월급이 100만 원 가까이 늘어나면 살림살이가 많이 좋아질 줄 알았다. 그러나 그때쯤 아이가 태어났다. 늘어난 수입만큼 지출도 같이 늘어날 수밖에 없었다. 또, 기존에 다니던 회사에서는 차를 지원해 줬지만, 이직한 회사는 차를 지원해주지 않았다. 급하게, 퇴직금과 모았던 돈으로 아반떼 중고차를 샀다.

아이가 태어났고 중고차도 샀으니 열심히 일해야겠다는 의지가 살아났다. 외국계 회사에서 최연소 임원이 되어, 억대 연봉을 달성하고 싶었다. 하지만, 아무리 열심히 일해도 삶이 나아질 기

미조차 보이지 않았다. 저축할 여유도 없고 집을 살 형편도 되지 못했다. 외국계 회사는 서울특별시 강남구 삼성동에 있었다. 예전 회사와 달리 동료들의 학력과 생활 수준이 달랐다. 팀장 학력은 서울대학교 학사, 카이스트 석사를 졸업한 분이었다. 다른 팀 동료들은 대부분, 서울 명문대 또는 외국에서 대학을 졸업하고 입사한 케이스였다. 뉴스에서만 보던 은마아파트, 압구정현대아파트에 사는 직원들도 있었다. 이직하고 얼마 후, 우리 팀에 젊은 후배 2명이 들어왔다. 한 명은 호주대학교를 졸업했는데 한국말보다 영어가 편하다고 했다. 또 한 명은 MIT 졸업생에 벤츠 SUV를 몰고 출근을 했다. 결혼한 지 1년도 안 됐는데, 자가로 서울 신축 아파트를 보유하고 있었다. 물어보니 아버지가 건설회사 사장이라고 했다. 그는, 직장생활을 경험해 보고 싶어서 우리 회사에 왔다고 했다. 이직한 회사는 직원이 100명 정도 있었는데 90% 이상 외제차를 타고 다녔다.

이런 동료들과 같이 일하다 보니 내가 너무 거지같이 느껴졌다. 난 수원에서 30년 넘은 전세 6천만 원의 주공 아파트에 살고 있었다. 은행 전세대출 4천만 원, 아내에게 빌린 돈 1천만 원, 내 돈 1천만 원으로 신혼집을 얻었다. 아무에게도 내 형편을 말하지 않았다. 다들 좋은 아파트에 학력도 좋고 돈도 많아 보였다. 이런 사람들 속에 있으니 점점 자존감이 낮아졌다. 그들처럼 나도 부자가 되고 싶었다. 하지만 직장생활로는 답이 없는 것 같았다. 그런 생각을 가지고 있던 시기에 우연히 비트코인을 알게 되었다. 2017년 1월, 80만 원이었던 비트코인이 12월에는 2,000만 원까지 오르며 신문과 뉴스에 연일 보도되고 있었다. 연 수익률 2,500%. 말이 안 될 만큼 매력적인 투자처럼 보였다. 내가 만약 주식에 투자한 200만 원을 비트코인에 투자했다면 1년 후 5,000만 원을 만들 수 있었다. 이런 고수익을 주는 투자를 놓치고 싶지 않았다. 바로 코인거래소에 가입했다. 퇴근 후 비트코인을 10만 원어치 매수했다. 다음 날 아침 시세를 확인하니 12만 원이 되어 있었다. 자는 동안 2만 원을 벌었다. 은행에 넣으면 1년 동안 3~4% 이자밖에 안 되는데 코인으로 하루 만에 20%를 번 것이다. 적은 투자금으로 더 큰 돈을 벌고 싶어서 비트코인보다 저렴한 알트코인, 일명 잡코인에 투자를 하기 시작했다. 어떤 코인을 샀는지 기억도 나지 않는다. 유튜버가 추천한 코인을 200만 원어치 샀다. 그리고 하루 만에 15%가 올랐다. 한방에 30만 원을 벌었다. 그때부터 눈이 돌아갔다. 외제차와 서울 신축아파트를 가진 동료가 전혀 부럽지 않았다. 나도 코인으로 투자만 잘하면 머지 않아 그들처럼 부자가 될 수 있을 것 같았다.

2번의 성공 경험으로 자신감이 붙었다. 아내에게 내가 얼마나 코인 투자를 잘하는지 자랑했다. 그리고 거지 같은 인생을 바꿀 수 있는 절호의 기회를 만났다고 입에 침이 마르도록 설명했다. 투자금만 있으면 더 크게 벌 수 있는데 난 돈이 없었다. 200만 원으로 30만 원을 벌었는데 만약 2,000만 원을 투자하면 하루 만에 300만 원을 벌 수 있는 기회를 놓친 것 같았다. 단 하루 만에 노동도 하지 않고 월급을 벌 수 있을 것 같은 확신이 드니, 심장이 쿵쾅거렸다. 결국 투자금을 늘리기 위해 마이너스 통장을 만들어야 한다는 결론에 도달했다. 그때부터 아내를 설득했다. 아내는 절대 안 된다고 극구 부인했다. 이유는, 무조건 오르면 사람들이 다 할 텐데, 왜 당신만 그렇게 확신을 갖냐고, 그렇게 오르기만 하는 투자가 어디 있냐고 했다. 또, 만약 투자를 했는데 잃으면 이자는 어떻게 감당할지도 물었다.

내 생각은 달랐다. 어차피 없는 인생, 잘못되더라도 지금보다 더 잃을 게 없었다. 잃을 것보다 얻을 게 더 많은 투자였다. 잘만 하면 인생 역전도 가능한데, 잃어봤자 몇천만 원밖에 안 될 것 같았다. 2,000만 원을 투자해서 수익률이 30%만 돼도, 월 600만 원. 코인 투자를 조금만 잘해도 월급의 2배를 하루 만에 벌 수 있었다. 하지만 아내는 완강히 거절했다. 월급으로 적금을 들어, 천천히 돈을 모으자고 했다. 아내의 의견은 나에게, 세상 물정 모르는, 경제관념이 없는 사람의 답답한 말로 들렸다. 아무리 열심히 저축해도 우리 형편에 집을 살 수 없다는 건, 둘 다 너무 잘 알고 있었다. 매달 100만 원을 저축해도 1년에 1,200만 원, 10년 모아도 1억 2천만 원밖에 안 되는데 그 돈으로 어떻게 아파트를 살 수 있을까? 하는 생각이 들었다. 10년 후면 아파트 가격은 더 오를 텐데, 아무리 열심히 모아도 집을 살 수 없다는 결론이었다. 빨리 돈을 벌기 위해서는 코인밖에 답이 없었다. 그리고 아내를 2개월 정도 설득했다. 마침내 아내는 못 이기는 척하며 마이너스 통장 만드는 걸 허락해줬다. 본인도 지금의 삶으로는 답이 없다는 걸 너무나도 잘 알고 있었기 때문이다.

막상 마이너스 통장을 만들고 코인에 투자하려고 하니 어떤 코인을 살지 막막했다. 그때부터 본격적으로 코인과 관련된 책을 사서 읽어보고 여러 영상도 찾아봤다. 그리고 코인 관련 네이버 카페와 밴드에 가입해서 코인에 대해 공부했다. 그러던 중 비상장 코인에 대해 알게 되었다. 거래소에 상장되기 전 미리 코인을 사놓고, 대형 거래소에 상장하면 적게는 몇 배에서, 많게는 몇십 배를 벌 수 있다고 했다. 난 빨리 큰돈을 벌고 싶었다. 10~20% 수익률이 아닌, 투자금 대비 최소 10배 이상은 벌고 싶었다. 비상장 코인을 판매하는 판매자는, 몇 월 며칠 어느 거래소에 상장하는지, 상장 가격은 얼마인지에 대한 자세한 정보를 가지고 있었다. 상장되기 전 코인 가격이 개당 20원밖에 되지 않지만, 외국 ○○○ 거래소에 상장되면 개당 200원이 될 거라고 설명했다. 비상장 코인을 1,000만 원어치 미리 사놓고, 상장만 되면 바로 1억 원을 벌 수 있다는 것이다. 이런 투자를 마다할 사람이 어디 있겠는가.

솔직히 의심되는 부분도 있었다. 이렇게 좋으면 본인이 대출을 더 받아서 투자하지, 왜 투자자를 모집하는지 이해가 되지 않았다. 하지만 더 깊이 생각할 겨를도 없이, 오늘 마감되니 빨리 투자해야 비상장 코인을 받을 수 있다며 재촉했다. 얼떨결에 이름도 모르는 비상장 코인을 샀다. 마이너스 통장에서 빌린 1,500만 원을 15개 비상장 코인에 분산 투자했다. 그리고 내가 투자한 코인이 거래소에 상장하는 날만 손꼽아 기다렸다. 드디어 상장하는 날이 되었다. 비상장 코인을 판매하는 판매자가 하는 말처럼 코인은 개당 200원에 상장됐다. 하지만, 상장하자마자 1초 만에 개당 0.01원으로 떨어졌다. 잔고에는 −99%라는 수익률만 표시됐다.

다른 코인들도 마찬가지였다. 외국거래소에 상장되자마자 모두 −99%로 떨어졌다. 그때까지도 사기를 당했다고 생각하지 못했다. 믿고 싶지 않았다. 매도 버튼을 늦게 눌러 다른 사람들이 먼저 팔아서 돈을 못 벌었다고 생각했다. 결국 내가 투자한 코인들은 모두 0원에 수렴했다. 곰곰이 생각해 보니 이름도 없는 코인을 높은 가격에 사줄 사람은 아무도 없었다. 파는 사람만 있고, 살 사람이 없으니 0원이 될 수밖에 없었다. 비상장 코인으로 돈을 번 사람은, 코인 판매자밖에 없었다.

피 같은 돈 1,500만 원을 만져보지도 못한 채 날렸다. 문제는 이게 끝이 아니었다. 마이너스 통장을 만들고 나니 그때부터 돈을 막 쓰기 시작한 것이다. 이왕 빌린 거 평소 못했던 외식도 즐기고 가족과 해외여행도 가며, 마치 내 돈처럼 펑펑 썼다. 어느덧 마이너스 통장의 한도에 다다랐다. 그날부터 밤에 눈을 감으면 잠이 오지 않았다. 아내와 아이를 재우고 책상에 앉아 매일 밤 돈 벌 생각만 했다. 과거보다 더 비참한 삶이 시작되었다.

가난할수록 극단적인 선택을 하는 이유

젊은 세대일수록 극단적인 투자를 많이 한다. 은행에 적금을 넣어 차근차근 돈을 모으기보다 급등주와 알트코인을 좋아한다. 그런 모습을 보며 기성세대인 어른들은 혀를 찬다. 젊은 세대가 왜 로또, 스포츠토토, 도박, 코인에 열광하는지 이해하지 못한다. 하지만 난 그들의 마음을 조금은 안다. 힘들게 돈을 모아도, 미래가 보장되지도 않을 뿐더러, 더 나은 삶을 살 수 있을 것 같다는 희망도 없기 때문이다.

예를 들어 30대 남자가 3년 동안 매달 100만 원씩을 저축했다고 하자. 남들 쓸 때 안 쓰고 악착같이 모아서 3년 동안 3,600만 원을 모았다. 물론 그 돈이 적은 금액은 아니지만, 덜컥 결혼을 할 수도, 집을 살 수도 없는 애매한 돈이다. 최소 1억 원은 있어야 뭐라도 할 수 있다. 3년 동안 아끼며 열심히 살았는데, 5년을 더 그렇게 살아야 한다고 하면 과연 몇 명이나 버틸 수 있을까? 그렇게 살면 나이가 40이 된다. 1억 원을 모으기 위해 8년을 투자하느니, 차라리 리스크가 있더라도 단기간에 돈을 버는 방법을 찾게 된다. 리스크가 낮지만, 돈이 아주 천천히 벌리는 것 그리고 리스크는 높지만 돈이 아주 빠르게 벌리는 것 중에 하나를 선택하라고 하면, 젊은 세대일수록 인생 역전을 위해 후자를 선택한다.

내 주위 친구들도 극단적인 투자를 많이 한다. 왜 저축을 안하냐고 물어보면 "현금은 쓰레기다" "푼돈은 모아도 푼돈이다" "어차피 이 돈으로 할 수 있는 건 아무것도 없다"라고 말한다. 그러면서 하이 리스크, 하이 리턴을 노린다. 처음에는 그들의 행동이 무모하고 바보 같아 보였지만, 돌이켜보면 나도 그들과 똑같은 선택을 하며 살았다. 우리에겐 잘될 거라는 희망이 필요했다.

책에서는 1년에 1,000만 원씩 10년을 모아 1억 원이라는 시드를 만들고 이후에 제대로 된 투자를 하라고 말한다. 하지만 그건 이론에 불과하다. 미래가 어떻게 될지도 모르고, 10년 안에 죽을 수도 있는데 도대체 무엇을 위해 10년'이나' 참으라는 것인가? 만약 10년을 참았는데 경기침체나 불황이 오면 누가 책임져 줄 것인가? 성공한 부자들은 시드머니를 만들 때까지 소비를 극단적으로 줄이고 모으라고 하는데, 현실은 그러기 쉽지 않다. 시드머니를 모으기 위해 희생된 내 시간과 인생은 아무도 보상해주지 않는다. 안타깝지만 1억 원을 향해 악착같이 저축하고, 여행도 안 가고, 친구도 안 만나며, 매일 집에서 투자 공부만 죽어라 해도 성공한다는 보장은 없다.

나이가 어릴수록 먼 미래를 위해 현재의 고난을 감수하고 싶어하지 않는다. 누가 볼 때는 참을성 없는, 근시안적인 태도라고 생각할지 모르지만 직접 그 상황이 되면 그럴 수밖에 없는 이유가 있다. 이론과 현실은 다르다. 젊을 때 돈을 쓰고 그 경험을 토대로 부업이나 사업을 할 수도 있다. 단순히 먼 미래를 위해 돈을 모으는 것만이 답은 아니다. 사람마다 느끼는 돈의 무게도 다르고 처한 상황도 다르기 때문이다. 훈수 두기는 쉽다. 하지만 막상 본인이 그 상황에 처하면, 과거의 내가 아무 정보도 없는 비상장 코인에 전재산을 투자한 것처럼 극단적인 선택을 한다.

돈이 없으면 왜 비참할까?

학창시절부터, 결혼을 하고 자녀를 낳아 기를 때까지 계속 돈이 없었다. 돈이 없으면 불편한 점이 많다. 결혼은, 아무리 소소하게 한다고 해도 최소한으로 필요한 돈이 있다. 하지만 내 수중에는 돈이 없었다. 저렴한 집을 찾다 보니 회사와 점점 멀어졌다. 결국 아무도 살고 싶어하지 않는, 외국인 근로자들이 많이 사는, 어둡고 교통도 불편한 그런 동네에서 신혼생활을 시작했다. 자녀가 태어나면 준비해야 할 것들이 많다. 부모 마음으로 자녀에게는 좋은 걸 해주고 싶다. 하지만 난 그럴 형편이 되지 못했다. 비싼 용품은 엄두도 못 내고 대부분 중고로 구매했다. 아내가 좋아하는 과일을 사더라도, 알이 크고 싱싱한 건 돈이 없어서 못 샀기에, 울며 겨자먹기로 무르고 상태가 안 좋은 걸 사야했다. 그럴 때마다 너무 마음이 안 좋았다.

추석, 설날, 또 양가 부모님의 생신 때마다 용돈을 얼마 드려야 할지 몇 날 며칠을 고민했다. 친구 결혼식에 갈 때도 축의금을 얼마나 내야 할지, 아니면 모른 척해야 할지 고민했다. 이런 스스로가 너무 싫었다. 매순간 돈과 관련된 일은 결정하기 힘들었다. 직장을 다녀 월급은 받고 있었지만, 마음에는 여유가 없었다. 오랜만에 친구들을 만나 밥을 먹을 때도 돈을 내기 싫어서 쭈뼛쭈뼛하며 숨어 있었다. 카카오톡에 친한 친구 생일 알람이 떠도, 모른 척하고 넘어가곤 했다. 돈을 아낀다는 명분으로 스스로 합리화하고 있었지만, 난 너무도 잘 알고 있었다. 내가 하는 행동들이 정말 비겁하고 치졸한 짓이라는 것을.

돈이 없다는 이유로 사랑하는 두 여자, 아내와 어머니를 부동산에서 울게 만든 적도 있었다. 전세에서 월세로 이사를 갈 때 계약 날짜를 잘못 설정해서 전셋집이 나가기 전에 월세 계약부터 했다. 월세 보증금을 내야 하는데 전셋집이 안 나가서 돈이 없었다. 어쩔 수 없이 고금리로 집주인에게 빌렸다. 이자를 협의하는 과정에서 아내는 돈 없는 서러움에 아기띠를 한 채, 부동산에서 펑펑 울었다.

어머니도 다세대 주택에 살다가 월세로 갈 때, 집주인이 월세 금액을 너무 올려 속상한 마음에 부동산 중개인 앞에서 울었다. 난 이 모든 과정을 옆에서 지켜보고 있었다. 마음이 아프고 미칠 것 같았지만, 내가 할 수 있는 건 아무것도 없었다. 자본주의사회에서 돈 없는 사람은 약자고 피해자였다.

내가 하는 고민과 걱정은 대부분 돈 때문이었다. 돈이 없으니 자신감도 없고 남들 앞에 당당하지 못했다. 혹시 내가 예상하지 못한 곳에서 지출이 생길까 봐, 조마조마하며 살았다. 중고로 산 아반떼를 세차하고 나오는데, 바퀴에서 끽끽 소리가 난 적이 있었다. 돈도 없는데 수리를 해야 하는 건 아닐까 덜컥 겁이 났다. 길가에 차를 세워놓고 울었다. 돈이 없는 것도 맞지만, 그것보다 마음이 더 가난했다. 없는 살림에 결혼하다 보니, 아무리 열심히 모아도 돈이 모이지 않았고, 잘못된 투자로 빚만 지게 되었다. 나이 35살 될 때까지 모아놓은 돈보다 빚이 더 많았다. 월급이 유일한 수입원이고 모아놓은 자산도 없었다. 이번 생은 망한 것 같았다.

돈만 있다면 간단하게 해결할 수 있는 일도, 고민하지 않고 결정할 수 있는 일도, 돈 때문에 시간과 에너지를 쓸 수밖에 없었다. 아이들이 마트에서 장난감을 사달라고 조를 때 가격표를 보고 필사적으로 사주지 않기 위해 설득하는 나 자신이 비참하게 느껴졌다. 3,000원짜리 무료 쿠폰을 받기 위해, 각종 홈페이지에 가입하고, 중고 거래를 위해 왕복 1시간 이상 걸리는 지역까지 갔다. 마트에서 장을 볼 때마다 인터넷과 가격 비교를 했다. 이런 과정들이 너무 소모적인 걸 잘 알면서도 나에겐 선택지가 없었다.

대한민국은 모두 돈에 미쳐 있다

레스토랑이나 카페에 가서 남들이 하는 이야기를 들으면 대부분 돈 아니면 자식 이야기다. 유튜브나 인스타를 봐도 돈 이야기가 제일 많다. 뉴스와 신문에서도 경제, 정치 이야기로 도배되어 있다. 하루에도 수 없이 많은 사건 사고가 생긴다. 그런 사건 사고의 원인은 90% 이상이 돈 때문이다. 대한민국은 돈에 미친 나라라고 해도 과언이 아니다. 부부 싸움, 친구와의 다툼, 친척의 관계가 멀어지는 것 모두 돈 때문이다. 보기에는 안 그런 것 같아도 결국 싸움의 원인은 돈으로 시작된다. 다들 돈에 진심이고 목숨 바쳐 돈을 사수하려고 한다.

친구를 만나면 한 달에 얼마를 버는지, 주식이 얼마나 올랐는지, 아파트로 몇억 원을 벌었는지, 요즘 코인을 해서 얼마를 벌었는지 같은 돈 이야기가 난무한다. 유튜브나 각종 SNS에서는 부업, 쇼핑몰, 블로그, 공동구매, 인스타, 건강식품, AI 등 이것만 알면 떼돈을 벌고 인생을 바꿀 수 있다고 말한다. '흙수저였는데 ○○해서 포르쉐를 뽑고 서울집 장만했어요!'라고 자랑한다. 이런 콘텐츠가 쏟아져 나오는 이유는 돈을 벌었다고 홍보하면 또 돈을 벌 수 있기 때문이다. 돈 버는 강의는 인기가 많다. 그 이유는 돈벌고 싶은 사람들의 수요가 줄지 않고 계속 늘기 때문이다. 다들 점잖은 척, 돈에 관심 없는 척하지만, 정작 속으로는 돈을 미친 듯이 벌고 싶어서 안달이다.

이 책을 보는 독자라면, 유튜브에서 돈과 관련된 영상을 최소 1번은 봤을 것이다. 수많은 영상 중 왜 '굳이' 그 영상을 클릭했는가? 이유는 간단하다. 돈을 더 벌고 싶어서다. 돈돈돈. 돈만 있으면 행복할 거라 믿는다. 그래서 돈을 조금이라도 더 벌기 위해 수단과 방법을 가리지 않는다. 학창 시절 공부했던 것보다, 직장에서 일하는 것보다 치열하게 돈을 벌기 위해 머리를 쓰고 있다.

정치인들은 자주 싸운다. 그 싸움의 원인은 본인의 이득이다. 이득을 얻는다는 건, 결국 뒤에 돈이 숨어 있다는 뜻이다. 가난한 사람은 가난을 탈출하기 위해 발악하고, 기득권들은 가지고 있는 돈을 지키기 위해 난리다. 수단과 방법을 가리지 않고 가지고 있는 걸 더 불리기 위해, 자녀에게 물려주기 위해 법을 바꿔서라도 부를 세속하려고 한다. 남녀노소 할 것 없이 돈에 미쳐 있다. 이렇게 돈을 좋아하는 나라가 또 있을까? 가지고 있어도 만족을 몰라, 더 가지고 싶어 하고, 없으면 없는 삶에서 만족하기보다 가지고 있는 사람을 질투하며, 그들의 영광을 뺏기 위해 최선을 다한다. 이렇게 돈에 미쳐있는 나라에 살고 있지만 정작 돈 공부, 즉 금융 공부는 절대 하지 않는다. 단순히 돈만 많이 벌고 싶은 욕심밖에 없다. 하지만 돈이 뭔지 모르면 절대 부자가 될 수 없다. 돈의 속성을 제대로 이해한 사람만이 돈을 소유하고, 불리고 유지할 수 있다.

100만 원 상당의
무료 혜택 증정
QR코드

1. '돈'이라고 했을 때 떠오르는 감정은?

2. 스스로가 상류층, 중산층, 저소득층 어디라고 생각하는가?

    그 이유는?

3. 돈이 없어서 비참한 순간이 있었다면 언제인가?

    그리고 그때 기분이 어땠는가?

4. 돈을 많이 번다면 어떤 일을 하고 싶은가?

5. 현재 통장에는 얼마가 남아 있는가?
   그 금액을 볼 때 어떤 기분인가?

6. 미래에 내가 가진 자산은 어느 정도였으면 좋겠는가? (1년 후, 5년
   후, 10년 후 기준으로 생각해보기)

2

가난한 사람들이 만든 새빨간 거짓말 6가지

부자는 다 사기꾼이다

초등학교 2학년 때의 일이다. 부모님 모임 때문에 해운대에 갈 일이 있었다. 오래전이지만 당시에도 해운대는 부촌이었다. 높이 솟은 아파트를 보며 아버지에게 여쭤봤다 "아버지~ 저런 아파트에는 누가 살고 있나요?" 호기심 가득한 눈으로 질문했다. 그리고 아버지는 1초 만에 "저기는 사기꾼이 산다"라고 말해주셨다. 그 때부터 어린 나이에 부자는 사기꾼이라는 생각을 가지고 살았다.

영화나 드라마에서, 부자들이 돈을 위해 수단과 방법을 가리지 않으며 불법을 저지르는 모습을 자주 보게 된다. 아니 땐 굴뚝에 연기 날까? 그런 소재로 영화가 만들어졌다는 것은 그만한 이유가 있다고 생각했다. 위키낱말사전에 사기꾼이라고 검색하면

'제 욕심을 차리기 위해 남을 속여, 돈이나 다른 재산을 상습적으로 가로채기하는 사람'이라고 되어 있다.

그렇다면, 하나 물어보겠다. 삼성전자 이재용 회장은 사기꾼일까? 테슬라 CEO 일론 머스크는 사기꾼인가? 이들은 누구나 인정하는 부자다. 상상할 수 없을 만큼 많은 돈을 벌었고, 또 벌고 있다. 하지만 이들을 사기꾼이라고 말하는 사람은 없다. 왜냐면 사람들의 필요를 채워주고, 그 필요에 맞는 대가를 받아 부자가 됐기 때문이다. 그렇다. 우리가 아는 대부분의 부자는 남을 등쳐먹고 불법을 저질러 그 자리까지 올라간 것이 아니다.

부자는, 사회에 재화나 서비스를 제공한 대가로 돈을 받고 그 부를 축적한 사람이다. 엄밀히 따지면 가난한 사람보다 더 많은 걸 사회에 제공하고 얻은 결과물로 부자가 된 것이다. 예를 들어, 직장인은 회사에 자신의 시간과 노동을 제공함으로써 급여를 받는 사람이다. 불편한 얘기지만, 그들이 그것 외에 사회에 기여하는 것은 크게 없다. 하지만 부자는 사회에 필요한 무엇인가를 만들고, 그걸 제공한 대가를 돈으로 받았기 때문에, 오히려 그렇지 않은 사람보다 사회에 더 좋은 영향을 많이 끼쳤다고 볼 수 있다.

우리가 보는 영화나 드라마에서, 부자를 악(惡)한 모습으로 보여주는 이유가 있다. 대부분의 평범한 사람의 기대에 부응하기 위해, 일부러 부자를 비리와 불법을 저지르는 이미지로 보여주는 것이다. 만약 부자가 출연했는데, 사회에 기부하고 어려운 이웃을 돕는 역할로 나온다면? 대중의 생각과 다르기에 그 드라마나 영화는 인기를 얻기 쉽지 않을 것이다.

유튜브를 하고 사업을 하면서, 사회적으로 성공하고 큰 부를 이룬 사람들을 만날 기회가 꽤 자주 생긴다. 그리고 내가 만난 그들은, 사기꾼이 아니라 오히려 도덕적, 사회적으로 훌륭한 사람들이 많았다. 우리가 몰라서 그렇지, 부자가 된 사람들은 그럴만한 이유가 다 있다. 사람들은 바보가 아니다. 철저하게 이기적이다. 그래서 사회적으로 문제가 되거나, 제품의 질이 나쁜 회사의 제품을 사지 않는다. 지금까지 그 회사가 유지되고 부자의 부가 유지될 수 있다는 건, 우리가 모를 뿐 그들이 엄청나게 노력하고 있다는 뜻이다. 간혹, 사기를 쳐서 부자가 된 사람이 있을 수도 있다. 하지만 단언컨대, 그런 부류의 부자는 오래가지 못한다.

부자는 돈보다 더 가치 있는 것을 놓치고 산다

부자라고 하면 떠오르는 단어가 몇 가지 있다. 사업, 골프, 외도, 술, 도박, 유흥과 같은 것이다. 가정을 내팽개치고 매일 술을 마시고 도박하고 바람을 필 것 같다. 진짜 그럴까?

2024년 4월 동아일보 기사에 "현금 10억 자산가 40% 매일 가족과 식사한다. 부자들이 가정에 더 충실"이라는 제목의 기사가 올라왔다. 아래는 기사를 요약한 내용이다.

'금융자산 10억 원 이상 부자들이 일반 대중에 비해 가족과 더 많은 시간을 보낸다.'

하나금융그룹 하나금융경영연구소가 발간한 '2024 대한민국 웰스리포트'에 따르면 '일주일 동안 가족과 함께 식사'한 횟수를 물었을 때, 부자는 '거의 매일'이 41%, '주 3~4회'가 27%로 부자 10명 중 7명이 주 3회 이상 가족과 함께 식사를 했다. 반면, 일반 대중은 가족과 식사를 거의 안 한다는 비율이 20%에 육박했고 이는 부자(9%)보다 약 2배 높은 수준이었다.

행복한 삶을 결정짓는 여러 요인 중 부자는 '가족관계'에 만족한다는 비율이 특히 높았다. 부자 10명 중 7명이 가족관계에 만족한 반면, 일반 대중은 5명 정도만 긍정적으로 응답해 가족 간 관계 인식에 차이를 보였다. 해당 보고서는 지난해 12월 금융자산 10억 원 이상 보유자 746명, 일반 대중 712명 등 총 2,597명을 대상으로 설문조사 결과를 토대로 만들어졌다.

·········

이처럼 부자는, 우리가 생각하는 것과 다르다. 내가 아는 부자들도 가족과 시간을 많이 보낸다. 물론 일하는 시간도 많지만, 그들은 스스로 본인의 시간을 관리할 수 있다. 물론, 가정을 파탄으로 몰고 가는 부자도 있겠지만 그건 극소수에 불과하다. 극소수의 자극적인 이야기가 더 재밌고, 사람들의 관심을 사기 때문에 그렇게 보여지는 것이다.

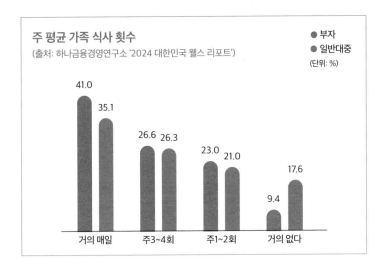

주 평균 가족 식사 횟수
(출처: 하나금융경영연구소 '2024 대한민국 웰스 리포트')

● 부자
● 일반대중
(단위: %)

	거의 매일	주3~4회	주1~2회	거의 없다
부자	41.0	26.6	23.0	9.4
일반대중	35.1	26.3	21.0	17.6

　가난한 사람들은 말한다. 돈보다 가치 있는 것이 더 많은데, 부자들은 돈만 생각하며 산다고, 부자는 가치 있는 걸 놓치고 사는 불쌍한 사람이라고 말한다. 반은 맞고 반은 틀렸다. 돈보다 가치 있는 게 있는 건 분명 사실이다. 가족, 친구, 우정, 사랑, 건강은 돈과 비교할 수 없는 훌륭하고 멋진 가치다. 하지만, 가치 있는 걸 지키기 위해 상대적으로 덜 중요한 돈이 필요하다. 소중한 걸 위해 덜 소중한 걸 가져야 한다.

　가난한 사람일수록 돈을 외면하고 싶어 한다. 정신 승리라도 하기 위해 돈이 없어도 괜찮다고 말한다. 돈이 없어도, 돈보다 더 소중한 걸 지키며 행복하게 살 수 있다고 믿는다. 하지만 이렇게 말하는 사람치고, 돈 걱정 없이 사는 사람은 없다. 말은 고상하게 하지만 실상은 돈을 어떻게 벌어야 할지 골머리를 앓고 있다.

나도 그랬다. 돈이 없을 땐 돈보다 더 고상한 가치를 좇으며 살 수 있을 거라 믿었다. 그게 진짜 행복한 삶이라고 생각했다. 부자를 경멸했고, 그들은 돈에 미친 사람, 가정을 파탄으로 몰고 가는 사람, 돈보다 소중한 걸 놓치고 살다가 인생의 말미에 뒤늦게 후회하는 사람이라고 생각했다. 하지만, 살아보니 자본주의에서 돈이 없으면 소중한 걸 지키기 힘들다는 사실을 뼈저리게 느끼게 되었다.

많은 돈이 있어야 하는 건 아니지만, 최소한 비상시에 대비할 수 있는 돈은 있어야 한다. 돈이 없으면 소중한 것을 지키기 힘들다.

부자는 게으르고 성격이 더럽다

내가 만난 부자들은 상상 이상으로 부지런했고, 일하는 걸 즐겼다. 그들은 끊임없이 배우고 새로운 걸 시도하며 살았다. 또한 시간을 아주 알차게 썼다. 하지만, 가난한 사람들은 오히려 시간을 하찮게 여긴다. 남이 만들어 놓은 콘텐츠를 소비하고, 무엇인가를 생산하지 않는다. 시간을 귀중하게 여기지 않고, 누워서 게임을 하거나 넷플릭스를 시청한다. 반면 부자들은, 책을 읽고 운동하며 자신이 배울 수 있는 사람을 만난다. 일에 몰두하고 자기관리를 잘하며 성장에 진심이다. 남들이 볼 땐 돈을 벌기 위해 혈안이 되어 있는 삶처럼 보이지만 정작 부자는 그 일을 즐기고 있다.

부자는 누군가의 지시로 억지로 일하는 경우는 없다. 왜냐면 본인이 하고 싶은 걸 선택할 자유가 있기 때문이다. 부자는 자신이 원하는 시기에, 자신이 원하는 사람과, 원하는 장소에 언제든지 갈 수 있다. 하고 싶지 않은 일을 하지 않아도 될 힘이 돈에서 나온다.

반면 가난한 사람들은 게으르다. 게을러서 가난하게 된 건지, 가난해서 게으르게 된 건지 모르지만 시간을 허투루 보낸다. 유튜브 댓글만 봐도 그 사람이 어떤 인격과 어떤 그릇을 가지고 있는지 알 수 있다. 콘텐츠가 마음에 들지 않으면 안 보면 된다. 하지만 가난한 사람은 자존감이 낮고 질투심이 많다. 부러우면 부럽다, 배우고 싶으면 배우고 싶다고 말하면 되지만 "너나 많이 하세요." "그렇게 돈 되는 정보를 왜 알려줘? 너 사기꾼이지?" "그렇게 까지해서 돈 벌고 싶냐?" "인증해 봐ㅋㅋ"와 같은 댓글을 남긴다. 댓글만 봐도 그 사람의 인성이 드러난다. 과연, 경제적으로 여유 있는 사람도 그렇게 댓글을 달까? 절대 아니다. 부자들은 생산적이고 긍정적인 일을 하며 에너지를 쓴다. 쓸데없는 댓글과 기분 상하는 일, 에너지를 소비하는 일에는 신경을 잘 쓰지 않는다.

사람들은 부자일수록 성격이 더럽고 까칠하다고 생각한다. 과연 진짜일까? 내가 모든 부자를 만나보지는 못했지만, 그래도 자산이 50억 원 이상 되는 분들을 꽤 많이 만나봤다. 그들은 가난한 사람들보다 오히려 성격이 훨씬 더 좋다. 실제 속마음은 모르겠지만, 대외적으로는 아주 젠틀하고 말도 예쁘게 한다. 작은 실수는 너그럽게 이해해주며 관대하다. 아마도 인플루언서의 삶을 살고 있거나, 많은 직원과 일하다 보니 대외적으로, 의식적으로 좋은 모습을 보인다. 영화에서나 보는 대기업 회장의 횡포나 성격은 극중 장면을 극대화하기 위해 보여준 모습이지, 모든 부자가 그렇지는 않다.

　또 남의 험담을 잘 하지 않는다. 다른 사람의 부정적인 이야기는 잘 하지 않고 주제를 돌린다. 그런 이야기를 하는 순간 본인이 험담을 했다는 사실이 누군가에게 갈 거라는 걸 알고 있다. 그래서 남의 칭찬은 해도 욕은 잘 하지 않는다.

부자는 부부관계가 좋지 않다

부자는 부부싸움을 많이 할까 아니면 적게 할까? 잘 모르겠는가? 그럼 질문을 바꿔보자. 부부싸움을 하는 주된 이유는 뭘까? 외도, 연락 두절, 술, 도박 등 다양한 이유가 있을 것이다. 싸움의 원인을 계속 추적해보면 결국 그 끝에는 돈이 있다. 돈 더 벌어오라고 스트레스 주는 배우자, 가난을 탈출하고 싶지만 방법을 몰라 전전긍긍하며 마시는 술, 회사에서 진급을 하기 위해 어쩔 수 없이 마시는 술, 접대용 술, 큰돈을 벌고 싶어서 시작한 투자, 인생역전을 꿈꾸는 도박, 현실의 괴로움을 잊기 위해 시작한 게임. 대부분 돈 때문에 어떤 문제가 생긴다. 이런 이유 외에도 여행을 가기 위해, 자녀 학원비를 보내기 위해, 이사를 가기 위해, 부모님 용돈을 드리기 위해, 옷을 사거나 차를 사기 위해 돈이 필요하다. 돈을 쓰려면 부부가 같이 결정해야 하는 경우가 많은데, 그때부터 부부 싸움이 시작된다.

경제적으로 여유가 있으면 결정이 빠르다. 크게 고민할 것이 없다. 왜냐면 돈과 시간이 있기 때문에 내가 원하는 걸 선택할 수 있고, 또 주어진 옵션 중 가장 좋은 것을 선택할 수 있기 때문이다. 하지만 경제적으로 여유가 없다면? 단적인 예로 여행을 갈 때도 비행기값과 숙박비가 저렴한 비수기에 간다. 한 푼 두 푼의 차이가 엄청나게 크게 다가오기 때문이다. 그런 과정 가운데서 많은 에너지가 소모되고, 그로 인해 싸움의 빌미를 제공하게 된다.

돈이 화목함을 주진 않지만, 최소한 싸움을 미연에 방지하게는 해준다. 시시비비를 가릴 게 없다. 왜냐면 선택의 기준에서 돈이 빠지기 때문에, 싸울 일이 그만큼 줄어든다. 내가 만난 부자들은 대부분 금실이 좋았다. 그럴 수밖에 없는 것이 나도 아내와 말싸움을 하고 회사에 나오면 업무에 집중이 잘 되지 않는다. 계속 생각나고, 기분도 안 좋다. 결국 안 좋은 에너지를 통해 안 좋은 결과물을 만들곤 했다. 이건 나뿐만 아니라 모든 남자들이 똑같을 것이다. 반면, 아내와 사이가 좋으면 만사가 형통하다.

예전에는, 아이들을 재우고 밤늦게 아내와 단둘이 대화를 하면, 식탁에 앉아 오붓하게 이야기를 하다가도 항상 끝이 좋지 않았다. 처음에는 기분 좋게 대화를 시작하지만, 여행 계획을 세우든, 이사를 가든, 차를 바꾸든, 명절 양가 부모님 용돈 이야기든, 돈 얘기만 나오면 서로 표정이 안 좋아지고 싸우게 되었다. 아내와 돈 때문에 정말 많이 다퉜다. 하지만 경제적으로 여유로워진 후에는, 돈 때문에 싸우는 일은 아예 없어졌다. 나뿐만 아니라 주위의 부자들도, 하나 같이 부부사이가 좋았다. 금전적으로 여유가 있으면 확실히 여유가 없는 사람보다 싸움, 다툼이 줄어드는 게 보였다.

부자는 돈을 펑펑 쓰고 산다

한 사람이 아무것도 없이 태어나 부자가 되기까지 정말 긴 과정을 거쳤을 것이다. 한 분야에 뛰어난 성과를 만들고, 그 성과를 세상과 공유하며 이름을 알린 뒤, 재화나 서비스를 제공해서 돈을 버는 것. 여기까지도 쉽지 않지만 부자가 되려면 돈을 버는 방법뿐만 아니라 모으는 법, 쓰는 법, 투자하는 법도 알아야만 가능하다. 기본적으로 부지런하지 않으면 부를 축적하는 건 거의 불가능하다. 태어날 때부터 금수저라, 부모에게 건물을 증여받고 월세를 몇천만 원씩 받는 그런 부자가 아닌, 자수성가한 사람은 성실함이 몸에 내재되어 있다.

아내에게 제일 많이 듣는 말이 좀 쉬어라는 말이다. 난 취침 시간 외에는 집에서 누워있지 않는다. 항상 책상에 앉아 있다. 책을 읽거나 일을 한다. 새벽까지 일하는 내 모습을 보며 아내는, 제발 집에서 놀고 먹고 쉬어라, 넷플릭스도 보고 낮잠도 자면서 쉬엄쉬엄 일하라는 말을 많이 한다. 그러고 싶을 때도 있지만 난 시간을 허투루 쓰지 않는다. 누구보다도 열심히 살고 부지런하려 노력한다. 그 덕분에 흙수저에서 벗어날 수 있게 되었다.

책 집필, 유튜브 기획 및 촬영, 블로그와 카페 운영, 회사 경영, 수강생 관리, 내부 회의, 외부 회의, 출장, 직원 면담, 세금 처리 등 할 일이 정말 많다. 일 외에 가족과도 시간을 보내야 한다. 토요일에는 아이들과 야외에 나가 놀고, 일요일에는 하루 종일 교회에 있다. 1달에 한 번 국내여행을 가고, 1년에 2번은 해외여행을 간다. 양가 부모님을 찾아뵙고, 취미생활도 하려면 평소에 부지런하게 살 수밖에 없다.

아침에 눈을 떠서 잠드는 순간까지 일 생각을 제일 많이 한다. 일이 곧 삶이고 삶이 곧 일이 되었다. 퇴사하고 사무실을 얻었다. 처음에는 혼자였지만 직원이 한두 명씩 늘었다. 그리고 어느덧 14명의 직원과 함께 하는 사장이 되었다. 회사가 성장하고 직원들이 많아지면서 내 일도 많아졌다. 내가 회사에 가면 하루 종일 연락이 되지 않는다고 아내가 서운해했다. 그래서 아내에게, 내가 출근하면 퇴근할 때까지 무슨 일을 하는지 설명하고 통화한 목록을 보여준 적이 있다. 그 뒤, 아내의 서운함은 없어졌다. 왜냐면 밥 먹을 시간도 줄일 만큼, 하루하루 바쁘게 사는 걸 알았기 때문이다.

주위 지인들이 나에게 자주 하는 말이 있다. "할 일이 그렇게 많냐?" "돈 벌면 좀 써라"는 말이다. 하지만, 할 일이 너무 많아 돈 쓸 시간조차 없다. 나는 명품을 잘 알지도 못하고 좋아하지도 않는다. 유튜브 촬영이 없을 땐 똑같은 옷을 입고 출근한다. 그러다 보니 직원들이 나에게 오늘도 교복 입고 출근했다고 놀리곤 한다. 그만큼 외모나 패션에 관심이 없다. 백화점은 결혼기념일이나 아내의 생일 때만 가고 내 옷을 사기 위해 백화점을 가는 경우는 손에 꼽힐 만큼 적다. 수입이 늘면 자연스럽게 지출도 커지지만 돈 쓸 시간이 없다. 사람들은 돈을 쓰면 즐겁다고 하는데 난 전혀 즐겁지 않다. 오히려 내가 쓰는 것보다 주위 사람들이 내 돈으로 누리는 것을 볼 때 더 기분이 좋다. 자녀, 아내, 부모님, 장인 장모님, 주위 사람들이 내가 열심히 노력해서 번 돈으로 무엇을 사고, 경험하고, 누리는 것이 더 행복하다.

내 주위 부자들도 수입이 엄청 늘었다고 돈을 막 쓰지 않는다. 좋은 회사의 주식, 투자가치가 높은 건물에는 큰돈을 쓰지만, 먹고 마시는데 허투루 돈을 쓰지 않는다. 바쁘게 살다 보면 돈을 써야겠다고 생각할 겨를이 없다.

반면에, 가난한 사람일수록 소비하는 걸 좋아한다. 시간이 나면 온라인 쇼핑을 즐기고 커피를 하루에 2~3잔 사 먹는다. 월급을 받는 날에는 지금까지 힘들게 일했다는 보상 심리로 대수롭지 않게 돈을 쓴다. 보너스를 받으면 투자하기보다 명품을 사거나 여행가는 계획을 세운다. 자산을 모아가는 행위보다 단순 소비가 더 많다. 그렇게 쓴 소비로 인해 더 많은 시간을 일해야 한다는 사실을 모른 채, 벌면 쓴다. 돈을 모으는 방법은 간단하다. 수입을 유지하며 지출을 줄이거나, 수입을 늘리고 지출을 유지하거나. 이런 방법으로 시간이 늘어나면 자연스럽게 돈이 쌓이게 된다. 그리고 투자를 통해 돈이 돈을 벌 수 있는 구조를 만들면 어느 순간 부자의 반열에 들어서게 된다.

부자들은 부동산, 주식과 같이 자산을 늘릴 수 있는 곳에는 과감하게 돈을 쓴다. 하지만 그 외의 단순소비는 철저하게 생각한 뒤 결정한다. 돈이 많다고 결코 무자비하게 돈을 쓰지 않는다. 오히려 가난한 사람들이 자존감 때문에 보여주기식 소비, 부자인척 보이게 하는 소비를 한다. 하지만, 오히려 그런 소비로 자신이 더 가난해진다는 사실조차 모른다.

부자의 뇌는 돈으로 가득 차 있다

부자의 머릿속과 가난한 사람의 머릿속은 뭐가 다를까? 더 근본적인 질문을 해보자. 부자의 뇌와 가난한 뇌, 과연 어떤 차이가 있을까? 부자는 돈에 미쳐서 부를 얻은 사람이 아니다. 생각을 많이 하고 머리를 많이 쓴 사람이다. 뇌가 똑똑해야 부자가 될 수 있다.

가난한 사람의 뇌는 대개 현재 지향적이다. 이들은 미래보다 현재에 더 집중한다. 그리고 목표를 설정하거나 계획을 세우지 못한다. 부정적이고 비관적이라 어떤 사건이 일어났을 때 자신에게 유리한 쪽으로 만들지 못한다. 또 어떤 일을 함에 있어 쉽게 포기한다.

반면 부자의 뇌는 현재보다 미래를 바라본다. 목표를 설정하고 계획을 세워, 그걸 실행에 옮긴다. 또, 세상을 긍정적으로 바라보고 자신이 성공할 것이라는 믿음을 가지고 있다. 이들은 목표에 달성하지 못하더라도 포기하지 않고, 끈기를 가지고 끝까지 해낸다.

이런 사소한 차이가 시간이 흘러 부의 격차를 만든다. 만약 내가 가난한 뇌를 가지고 있다면 훈련해서 부자의 뇌로 바꾸면 된다. 의도적으로 훈련하면 지금보다 더 나은 뇌를 가질 수 있다.

가난한 사람은 단순히 돈을 더 벌기 위해 자신의 시간과 에너지를 다 쏟아 붓는다. 돈을 많이 벌고 싶은 마음에 더 열심히, 더 오래 일한다. 그러면 돈을 많이 벌 것이라고 믿는다. 하지만 세계 최고의 부자였던 존 록펠러는 이렇게 말했다. "하루 종일 일만 하는 사람은 돈 벌 시간이 없다."

본인의 에너지와 시간을 투자해 돈을 벌면, 내 몸이 아프거나 잠들어 있을 때는 돈을 벌지 못한다. 그렇기에 돈을 버는 시스템을 만들어야 한다. 그러기 위해서는 '돈'만 생각하면 안 되고, '돈을 벌 수 있는 시스템'도 생각해야 한다. 내 몸을 갈아 돈만 버는 행위를 지속하고 있다면 그런 구조를 만들 생각도, 시간도 없다.

대부분의 사람은 더 열심히 달릴 생각만 하지, 달리지 않아도 되는 상황을 만들 생각은 못한다.

나도 그랬다. 직장생활을 할 때 야근을 하거나, 주말 특근을 하면 돈을 더 벌 수 있었다. 어떻게든 내 시간을 써서, 돈을 조금이라도 더 벌 수 있는 일에만 관심을 가졌다. 그렇게 하는 것이 직장인으로서 가장 돈을 많이 벌 수 있는 방법이라 생각했다. 하지만 야근수당과 주말 특근으로 생활비 정도는 벌 수 있을지 모르지만, 절대 부자가 될 수 없다는 사실을 뒤늦게 깨달았다. 차라리 그 시간에 사업소득이나 투자소득을 만들기 위해 시간을 쓰는 것이 훨씬 더 나은 삶을 만들어 줄 거라는 사실을 몰랐다. 이걸 깨닫고, 단순히 내 시간을 써서 돈을 버는 것이 아닌, 잠을 자는 동안에도 돈이 들어오는 시스템을 만들었고, 그 이후 돈 버는 속도가 달라졌다. 명심하자. 생각의 차이가 부의 차이를 만든다.

최근에 메타인지라는 말을 많이 쓴다. 메타인지는, 발달심리학자인 존 플라벨이 창안한 용어로 자신을 객관적으로 바라볼 수 있는 능력을 말한다. 최고의 철학자 소크라테스가 "너 자신을 알라"라고 말한 것이 결국은 메타인지이다. 구글은 몇 년 안에 AI가 인간을 뛰어 넘을 것이라고 전망했다. 하지만 뇌과학자들은 아무리 AI가 뛰어나도 인간을 뛰어넘을 수 없는 영역이 메타인지라고 말한다. 사람은 자신이 무엇을 알고 무엇을 모르는지 파악한 뒤, 스스로 계획을 세우고 문제를 해결해 나갈 수 있다. 그리고 이 과정을 통해 해답을 얻고, 그 해답에 대한 확신을 갖기 위해 노력하며 인생을 놀랍게 발전시킨다.

가난한 사람일수록 메타인지가 낮다. 자신이 누구인지, 현재 어떤 위치에 있는지, 어떻게 해야 더 나은 인생을 살 수 있는지 자기 객관화가 잘 되어 있지 않다. 본인은 원래 남들보다 뛰어난데 부모, 환경, 사회 때문에 자신의 삶이 이렇게 됐다고 외부 탓을 많이 한다. 하지만 부자들은 메타인지가 높다. 한마디로 자신의 주제를 잘 알고 있다. 실패하더라도 자신의 실패를 인정하고 무엇 때문에 이런 일이 생겼는지 객관적으로 파악할 줄 안다. 무엇을 알고 무엇을 모르는지 명확히 안다. 그래서 어떤 문제가 생겼을 때 문제를 해결하는 속도가 빠르다. 돈을 번다는 것은 끊임없이 문제를 해결하는 과정이기 때문에 메타인지가 높은 사람일수록 부자가 될 확률이 높다.

1. 내가 생각하는 부자는 행복한 사람인가, 아니면 불행한 사람인가?

   왜 그렇게 생각하는가?

   ....

   ....

   ....

   ....

   ....

   ....

2. 본인의 지인 중 자산이 가장 많은 3명을 적어보자.

   그들의 공통점은 무엇인가?

   ....

   ....

   ....

   ....

   ....

   ....

3. 난 어떤 부자가 되고 싶은가?

....

....

....

....

....

4. 평소에 내가 하고 있던 부자에 대한 오해는 무엇이 있는가?

....

....

....

....

5. 닮고 싶은 부자가 있는가?

　있다면 왜 나는 그 사람처럼 되고 싶은가?

....

....

....

....

3

돈, 세상에서 제일 재밌는 이야기

좋아하지만 좋아한다고 말할 수 없는

사람들은 돈을 좋아한다. 그것도 아주 많이. 하지만 돈 이야기를 잘 하지 않는다. 왠지 돈 이야기를 하면 속물 같아 보이고 사람이 가벼워 보인다고 생각한다. 대놓고 말은 못하지만, 대부분의 직장인이나 자영업자들은 돈을 버는데 가장 많은 시간을 쓰고 있다. 자본주의에서 생존하기 위해, 또 자녀를 키우고 사람답게 살기 위해서는 반드시 돈이 필요하다. 이처럼 돈은 우리의 인생에 정말 필요하고 중요한 그 무엇이지만, 아이러니하게도 사람들은 돈 이야기를 꺼린다.

대부분은, 대학교를 졸업하고 20대 후반부터 60세 정년이 될 때까지 30년 이상, 돈을 벌기 위해 일터로 나간다. 요즘은 70세가 넘어도 일을 한다. 노후 준비가 안 된 사람은 몸이 아파도, 쉬고 싶어도 어쩔 수 없이 돈을 벌어야 한다. 100세 시대가 다가왔다. 하지만 노후 준비가 안 된 사람에게는 장수가, 복이 아니라 지옥이 될 수 있다.

나는 사무실에 출근하지 않을 때는 동네 카페에서 일한다. 따뜻한 차를 한 잔 시켜놓고 조용히 노트북을 켜서 해야 할 일을 처리한다. 한 자리에 앉으면 보통 3~4시간씩 있는다. 그 시간 동안 내 주위에 많은 사람이 왔다 간다. 본의 아니게 그들의 대화를 들을 때가 있다. 카페에 온 사람들의 대화는 크게 2가지 주제를 가지고 있다. 30대~40대 아이 엄마들은 자녀 이야기를 한다. 그 외에는 다 돈 이야기다. 돈이 아닌 것 같지만 자세히 들어보면 결국 돈 때문에 발생 되는 이야기다.

누구나 돈을 갖고 싶어 한다. 그래야 인생을 누리며 편하게 살 수 있을 것 같다는 생각을 갖고 있다. 바다가 보이는 아파트, 큰 로고가 보이는 외제차, 명품 가방, 명품 구두, 명품 시계, 해외 여행, 풀빌라, 오마카세, 코스요리, 소고기, 영어유치원, 사립학교. 말만 들어도 좋은 단어들이다. 이런 걸 즐기고 자랑하려면 많은 돈이 필요하다. 참고로 수입이 많은 사람과 부자는 다르다. 수입이 많아도, 지출이 많으면 부자가 되기 힘들다. 반대로 수입이 적어도 자산이 많으면 부자가 될 수 있다.

KB금융경영연구소가 발표한 '2024 한국 부자 보고서'를 보면, 금융자산 10억 원 이상을 보유한 '한국 부자'는 46만 1,000명으로 전체 인구의 0.9%에 해당했다. 상위 1%는 금융자산을 10억 원 이상 가지고 있다. 어디든 상위 1% 안에 들긴 쉽지 않다. 100명이 모여 있으면 그 중 딱 1명만 해당되는 것이다. 30명 있는 반에서 1등 하기도 힘든데 100명 중에 1등 하는 건 더 어렵다. 부자가 되는 것은, 말처럼 쉬운 일이 아니다.

직장에서 월급 300만 원을 받을 때는 월 1,000만 원만 벌면 소원이 없을 것 같다고 말한다. 이 정도 수입이면 아무 걱정 없이 떵떵거리며 여유롭게 살 수 있을 거라 생각한다. 이 책을 읽는 여러분도 그렇게 생각해 본 적 있지 않은가? 하지만 벌어보면, 막상 월 1,000만 원을 벌어도 삶이 크게 달라지지 않는다는 사실을 알게 된다. 나도 쇼핑몰을 시작하고 5개월 만에 월 순익 1,000만 원을 넘겼다. 그렇게 높게만 보이던 월 1,000만 원을 달성한 뒤, 더 욕심 부리지 않고 이대로만 벌면 만족할 줄 알았다. 하지만 3개월 정도 지나자 다시 불안해졌다. 변호사, 의사, 약사와 같은 전문직은 노년까지 월 1,000만 원을 벌 수 있을지 모르지만, 난 언제까지 이 돈을 벌 수 있을 거라는 확신이 없었다. 불안했다. 그리고 대출 원금과 이자, 생활비, 자녀 학비, 양가 부모님 용돈, 보험, 휴대폰비, 경조사비 등을 쓰고 나면 저축할 수 있는 돈이 생각보다 많지 않았다.

월 1,000만 원만 벌면 탄탄대로의 인생을 살 줄 알았는데, 그 정도 돈으로 가난을 탈출하긴 부족했다. 꿈에 그리던 월 1,000만 원을 벌어도 불안했다. 그리고 그걸 유지하기 위해 더 노력할 수밖에 없었다.

주위에 월 1,000만 원 이상 버는 사람 중 여유롭게 살고, 매일 노는 사람을 본 적이 있는가? 아마도 없을 것이다. 그 정도 수입을 유지하려면 누구보다 더 열심히, 성실하게 살아야 한다. 남들이 볼 때는 돈에 미친 것처럼 보이지만, 멈추지 않고 자신의 길을 꿋꿋이 걸어가야지만 벌 수 있는 돈이다.

얼마 전 2,000억 원 이상의 매출과 직원 300명이 넘는 회사를 운영하는 40대 초반의 대표를 만난 적이 있다. 회사도 크고 순이익도 좋고, 모아놓은 돈도 많았다. 마냥 편할 줄로만 생각했다. 그런데 그 대표가, 매일 아침 각 부서 팀장들에게 보고 받는 보고서를 보고 놀랐다. 그는, 책 1권에 해당하는 보고서를 매일 읽어야 하고, 하루하루가 너무 바쁘다고 했다. 난 궁금해서 여쭤봤다. "평생 일 안 하고도 충분히 먹고 살 수 있을 텐데 왜 이렇게 열심히 일하시나요?" 그러자 그는, 사업은 외줄 위에서 자전거를 타는 묘기와 같다고 했다. 페달을 멈추는 순간 그대로 추락해서 끝나기 때문에 멈출 수 없다고 했다. 무슨 말인지 공감이 갔다. 부자들은 있는 돈으로 평생 먹고 살 수 있지만 절대 멈추지 않는다. 일반인보다 더 많이 일하고 더 치열하게 산다. 사실 나도 그렇다. 남들이 볼 땐 돈 걱정 없이 충분히 여유를 즐기며 살아도 될 것 같지만 매일 치열함 속에서 산다. 책을 읽고, 공부하고, 글을 쓰고, 영상을 찍는다. 사업을 더 확장하며 아이디어를 실현시키기 위해 밤낮으로 머리를 굴린다. 주변에서는 나를 '돈에 미친 새끼'처럼 볼지도 모르지만, 난 생존을 위해 살고 있다.

부자가 되려면 기본적으로 돈을 좋아해야 한다. 좋아하지도 않는데 어떻게 돈을 벌 수 있을까? 운동을 싫어하면, 몸이 좋아질 수 없다. 글쓰기를 싫어하면, 작가가 될 수 없다. 돈을 좋아한다고 다 부자가 되는 건 아니지만, 최소한 돈을 좋아하는 사람들이 부자가 될 확률이 높다.

그러니 부자가 되고 싶다면, 당당하게 돈을 좋아한다고 말할 수 있어야 한다. 속으로는 돈을 좋아하면서 교양 있는 척, 돈에 관심 없는 척하는 건 자신을 속이는 일이다. 생각과 말이 같아야 정체성에 혼란이 생기지 않는다.

돈이란 무엇일까?

5만 원짜리 지폐는 한낱 종이 쪼가리에 불과하다. 하지만 힘이 있다. 그 힘의 크기는 5만 원어치의 물건을 사거나 서비스를 이용할 만큼이다. 1만 원은 1만 원어치의 힘을, 100만 원은 100만 원어치의 힘을 가지고 있다. 돈의 액수가 크면 클수록 살 수 있는 것, 경험할 수 있는 것들이 많아진다.

돈만 많으면 소원이 없겠다고 말하는 사람이 있다. 자산 10억원만 있으면 돈 걱정 없이 만족하며 행복하게 살 수 있을 거라고 말한다. 과연 그럴까? 돈은 숫자다. 숫자는 끝이 없다. 무한대까지 있다. 그래서 숫자를 통해 만족감을 느끼고 행복해지긴 힘들다. 10을 가지면 20을 가지고 싶고, 100을 가지면 200을 가지고 싶은 게 사람 마음이다. 배고파서 밥을 먹으면 당장은 배고프지 않다. 하지만 시간이 지나면 다시 배가 고파진다. 목이 말라 죽을 것 같은데 물을 마시면 그 순간 갈증은 해소된다. 하지만 시간이 지나면 다시 갈증이 난다. 돈도 마찬가지이다. 지금 당장 돈이 있으면, 더 이상 없어도 될 것 같지만, 시간이 지나면 다시 필요해진다. 이 정도만 있으면 충분할 것 같지만 시간이 지나면 또 가지고 싶다. 가져도 가져도 끝이 없다. 10억 원을 가지면 만족하기보다, 100억 원을 벌고 싶어진다.

돈은, 남녀노소 불구하고 인기 많은 주제다. 유튜버, 작가, 강사는 돈 이야기를 하고 돈을 번다. 우리가 보고 듣고 선택하는 대부분의 기준은 돈이다. 직업을 선택할 때는 연봉, 결혼할 때는 배우자의 재력, 대출할 때는 신용을 본다. 많은 이들이 더 비싼 아파트, 더 비싼 자동차, 더 비싼 명품, 더 비싼 경험을 하기 위해 달려간다. 한 번밖에 없는 인생, 돈이 최고라고 믿고 살아간다.

사람들이 그토록 '돈돈돈'거리는 이유는 무엇일까? 돈이 많으면 좋은 점이 많기 때문이다. 첫째, 하기 싫은 일을 하지 않아도 된다. 둘째, 돈 걱정 없이 살 수 있다. 셋째, 원하는 걸 마음껏 할 수 있다. 그렇다. 돈이 있으면 우리가 직면한 대부분의 문제를 쉽고 빠르게 해결할 수 있다.

의식주, 입고 먹고 자기 위해서도 돈이 필요하다. 이미 만들어 놓은 인프라를 이용하려해도 돈을 내야 한다. 하루하루 살아가는 것 자체가 돈을 쓴다는 뜻이다. 먹지 않으면 살 수 없고, 입지 않으면 돌아다닐 수 없으며, 집이 없으면 잘 수 없다. 매일 선택의 연속이며 선택도 돈이 필요하다. 그래서 사람들이 '돈돈돈'거리며 조금이라도 더 벌기 위해 고군분투한다.

부자란 무엇일까?

사람마다 생각하는 부자의 조건은 다르다. 자산이 1억 원 있는 사람에게는 10억 원을 가진 사람이 부자처럼 보이고, 자산 10억 원을 가진 사람은 100억 원을 가진 사람을 부자라 생각한다. 자산 100억 원이 있으면 부자라고 생각하겠지만, 또 누군가에게는 강남에서 제대로 된 건물 하나 살 수 없는 적은 돈이라고 느껴질 수도 있다.

SNS를 보면 부자처럼 보이는 사람들이 있다. 시그니엘에 월세로 살고, 람보르기니를 타고, 비즈니스석을 타고 해외여행을 다닌다. 대중들은 소비하는 규모를 보고 그런 부류의 사람을 부자라고 착각한다. 하지만 부자처럼 보이는 사람과 진짜 부자는 다르다. 가짜 부자는 수입이 많을 뿐 자산이 없다.(수입조차 많지 않을수도 있다.) 본인이 노동을 해서만 돈을 벌 수 있고, 돈이 돈을 버는 방법은 모른다. 하지만 진짜 부자는 자산에서 나오는 돈으로 돈을 쓴다. 같은 소비처럼 보여도 돈이 나오는 원천이 차이가 난다.

사람마다 생각하는 부자의 기준은 다르다. 책 〈돈의 속성〉의 저자, 김승호 회장이 말하는 부자의 기준은 세 가지다.

첫째, 대출 없이 본인 소유의 집을 가지고 있는 사람
둘째, 한국 가구 월 평균 소득인 541만 원이 넘는 비근로소득을 가진 사람. 여기서 말하는 비근로소득은 일하지 않고 버는 금융소득을 말한다.
셋째, 더 이상 돈을 벌지 않아도 되는 욕망 억제 능력 소유자

내가 생각하는 부자는 시간과 장소에 구애받지 않고 원하는 걸 언제든지 선택할 수 있는 사람이다. 당신이 생각하는 부자의 기준은 뭐라고 생각하는가? 부자를 스스로 정의하지도 못하면서, 부자가 되길 원하는 건 어디를 가는지도 모르면서 무작정 어딘가 떠나는 것과 같다.

흔히들 경제적 자유를 얻고 싶다고 말한다. 내가 생각하는 경제적 자유란 일하지 않아도 수입이 지출보다 많은 사람이다. 예를 들어 한달 생활비가 300만 원인데 일하지 않아도 들어오는 월세나 배당금이 월 300만 원이 넘으면 경제적으로 자유한 상태라고 말할 수 있다.

나도 부자가 되고 싶었다. 돈의 액수에 대한 뚜렷한 목표 없이 거실에서 바다가 보이는 집에 살고, 번쩍거리는 외제차를 타며, 해외여행을 갈 때 비즈니스석을 탈 수 있는 사람. 풀빌라에서 자유롭게 수영하고, 오마카세를 언제든지 먹을 수 있는 사람이 진정한 부자의 모습이라 생각했다. 그리고 언젠가 부자가 되면 나도 그렇게 살 수 있을 것 같았다.

사업을 하며 사회적으로 성공한 사람을 만날 기회가 있었다. 코스닥 12위 리노공업 이채윤 회장, 스노우폭스 김승호 회장, 디쉐어 현승원 의장과 같이 누구나 인정할만한 부자를 만났다. 그들에게 돈에 대해 다양한 질문을 했다. 그리고 내린 결론이 있다. 부자는 무작정 놀고 먹지 않으며, 누구보다 치열하게 산다는 사실이다.

그들은 더 이상 일하지 않아도 될 만큼 돈이 많았지만, 내가 꿈꿈꿨던 삶과는 다른 모습으로 살고 있었다. 자신의 일에 자부심을 느끼며 끊임없이 새로운 일에 도전했다. 그들에게는 일이 삶이고, 삶이 일이다. 은퇴하고 바닷가에서 칵테일이나 마시며 여유롭게 책을 읽거나 골프를 쳐도 되는데 왜 그렇게 살지 않는지 궁금했다. 그러자 리노공업 이채윤 회장님은 여행도 한 달, 1년이 지나면 그게 또 삶이 된다고 대답하셨다. 처음과 달리 즐겁지 않은 순간이 오고, 돈이 있더라도 20~30년 남은 인생에서 매일 여행을 가고, 수영하며 골프 치는 삶이 행복하지 않다고 말씀하셨다. 그리고 공허함과 무료함이 찾아와 더 빨리 늙게 된다고 하셨다.

사람들은 이해하지 못한다. 어떻게 일이 재밌을 수 있냐고. 하지만 여기서 말하는 일의 개념은 직장인들이 회사에 나가 일하는 것과 다르다. 누군가 시켜서 어쩔 수 없이 하는 일, 카드값과 대출 이자를 갚기 위해 억지로 하는 일이 아니다. 주도적으로 내가 성장하고 싶고 달성하고 싶은 목표를 향해 달려가는 일이다.

서장훈이 방송에 나와, 돈이 많아서 좋은 이유는 딱 한 가지 있다고 했다. 그건 다른 사람에게 아쉬운 소리를 하지 않아도 되는 것이라고 했다. 나도 동의한다. 수입이 늘고 좋은 점 중 하나가, 내가 만나고 싶지 않은 사람을 억지로 만나지 않아도 된다는 것이다. 그렇기에, 누구에게 아쉬운 소리를 할 필요가 없어졌다.

대단해 보이는 사람이 만나자고 해도 내가 불편하면 안 만난다. 서로에게 유익이 될 때 좋은 관계가 만들어지는데, 내가 줄 것도 없는데 그 사람이 유명하다는 이유만으로 만나야 할 필요가 전혀 없다. 예전에 돈이 없을 때는 어떻게든 부자나 인플루언서에게 잘 보이면 나중에 콩고물이라도 떨어질 줄 알고 옆에 붙어 있으려고 했다. 새해나 생일마다 선물을 꼬박꼬박 드렸다. 하지만 그 사람에게 난 전혀 도움이 되지 않는 사람이었고, 안타깝게도 내가 그 사람에게 줄 수 있는 것은 정성스러운 인사말과 선물 외에는 아무것도 없었다. 잘 보이기 위해, 미래에 뭔가 도움이 될까 봐 보험을 드는 차원에서 내 시간과 에너지를 썼다. 하지만 도움을 주지도, 받지도 못한 채 그 관계는 결국 다 끝이 났다.

간접적으로 체험하는 부자의 하루

상상은 자유다. 부자가 되는 모습을 상상하는데 돈이 드는 것도 아니니, 딱 10분 만이라도 부자가 됐다고 생각하고 하루를 살아보자. 코인에 100억 원, 주식에 200억 원, 부동산에 500억 원, 현금 200억 원으로 자산이 1,000억 원 정도 있다고 하자. 이제 눈을 감고 뜨면 우리는 부자가 되어 있는 것이다.

　오전 6시, 잠에서 깬다. 5분 정도 명상을 하고 간단한 스트레칭을 한다. 신문을 보며 어제 어떤 이슈가 있었는지 확인한다. 오전 7시, 가사 도우미가 차려준 아침을 먹는다. 계란, 당근, 채소로 만든 식단이다. 간단히 아침을 먹고 아파트 헬스장에 간다. PT 선생님이 기다리고 있다. 1시간 정도 땀을 흘리며 운동을 한다. 옆에 골프 연습장에 간다. KPGA 프로가 기다리고 있다. 20분 정도 골프 레슨을 받고 30분 정도 스윙 연습을 한다. 샤워를 하고 집에 돌아온다. 이메일을 확인하고 회사의 중요한 업무를 간단하게 보고 받는다.

12시에 거래처 사장과 점심 약속이 있다. 비서가 분위기 좋은 일식집에 코스요리로 예약해뒀다. 밥을 먹으며 사업 이야기를 한다. 오랫동안 사업을 했지만, 항상 새로운 일을 시작할 때마다 기대되고 설렌다. 점심을 먹고 오후 2시 인근, 바다가 보이는 전망 좋은 카페로 간다. 따뜻한 아메리카노 한잔을 마시며 평소 읽던 책을 읽는다. 책을 읽고 생각을 정리할 겸 산책을 한다.

오후 4시, 공사하는 신축 건물을 보러 간다. 공사가 한창이다. 비서를 시켜 인부들에게 빵과 음료수를 건넨다. 나도 눈도장을 찍고 일하시는 분들을 격려한다. 주위에 괜찮은 건물들이 몇 개 보인다. 부동산 소장에게, 미리 말해둔 그 건물들에 대해 간단하게 브리핑을 받는다.

오후 6시, 집에 돌아온다. 잘 차려진 생선 요리가 준비되어 있다. 가족들과 저녁을 먹으며 이야기를 나눈다. 첫째가 그림을 전공하는데 프랑스로 유학을 가고 싶다고 한다. 그래서 첫째의 진로에 대한 이야기를 나눈다. 아는 분이 프랑스 미대 교수로 있어 안부 차 전화를 한다.

저녁 8시, 컴퓨터 앞에 앉아 글을 쓴다. 신문사에서 칼럼을 써 달라는 부탁을 받아 1주일에 1편씩 글을 쓰고 있다. 그리고 곧 출간할 책 〈돈미새〉 원고를 마무리한다.

오후 9시, 평소 좋아하는 유튜브 채널 '돈버는형님들'을 보며, 요즘 젊은 사람들이 어떻게 돈을 버는지, 최근 트렌드는 어떤지 살펴본다. 유튜브는 오래 보지 않고 20분만 본다. 오후 10시쯤 잔잔한 클래식 음악을 들으며 잠에 든다.

내가 상상하는 부자의 하루다. 당신이 생각하는 부자의 하루는 어떤가?

돈을 벌수록 더 많이 벌고 싶은 심리

이름만 들어도 알만한 대기업 회장들은 자산가치가 1조 원이 넘는다. 하루에 1억 원을 쓰면, 1년에 365억, 10년을 쓰면 3,650억이다. 1조 원은, 30년 동안 매일 1억 원을 꾸준히 써야 소진될 만큼 많은 돈이다. 스트레스 안 받고 편하게 살아도 되는데 그들은 엄청난 스트레스를 받으며 회사를 더 키우기 위해, 새로운 사업을 성공시키기 위해 불철주야 일을 한다. 빨리 은퇴한 뒤, 해안가에 별장을 짓고 여유롭고 살아도 될 텐데 어쩌다 저렇게 쉬지도 못하고 일만 하는 인생이 되었을까 궁금했다.

하지만 나도 사업을 하고 돈을 어느 정도 벌기 시작하면서 그들을 조금씩 이해하게 되었다. 돈은 소금물과 비슷하다. 배를 타고 가다가 바다 한 가운데서 갑자기 배 엔진이 꺼졌다고 가정해 보자. 배에 물이 없는데 목이 너무 마렵다. 갈증을 해소하기 위해 바닷물을 조금씩 마신다. 갈증이 해소되는 것 같다. 하지만 시간이 조금만 지나면 이전에 느꼈던 갈증보다 더 심한 갈증을 느낀다. 그리고 다시 바닷물을 마신다. 잠시 갈증이 해소되는 것 같지만 이내 곧 더 큰 갈증이 찾아온다. 바닷물을 마시면 갈증이 해소되는 듯 하나 더 큰 갈증을 느끼게 된다. 이걸 반복하다 결국 죽게 된다. 돈도 비슷하다. 처음에는 돈만 있으면 해결될 것 같은 문제들이 있다. 실제로 돈이 있으면 그 문제를 해결할 수 있다. 하지만 인생을 살다보면 계속해서 문제가 생기고, 그걸 해결하려면 더 큰돈이 필요하다. 이걸 반복하며 산다.

돈은 숫자다. 1억 원을 가지고 있으면 10억 원을 가지고 싶고, 10억 원을 가지면 100억 원을 갖고 싶다. 100억 원을 가지고 주위를 둘러보면 300억 원을 가진 사람이 보이고 500억 원을 가지면 1,000억 원을 가진 사람이 보인다. 죽을 때까지 남과 비교하며 더 큰 숫자를 만들기 위해 산다.

나도 평범한 직장인에서 쇼핑몰을 시작하고 인생이 많이 달라졌다. 직장 생활할 때 월 1,000만 원은 상상 속의 돈이었다. 월 1,000만 원은 직장인에게 꿈의 숫자다. 하지만 쇼핑몰을 시작하고 5개월 만에 월 순익 1,000만 원을 달성했다. 처음에는 너무 좋았다. 만족하며 살 줄 알았다. 하지만 더 큰 돈을 벌고 싶어졌다. 직장 다닐 땐 월급 300만 원에 맞춰 살다 보니 지출을 억제할 수밖에 없었다. 재테크를 할 여윳돈도 없었다. 하지만 월 1,000만 원 이상을 벌게 되니 자연스럽게 생활비가 늘고 여행도 자주 가게 됐다. 좋은 호텔, 비싼 음식을 먹을 기회도 많아졌다. 또 부동산이나 주식과 같이 돈을 더 불릴 수 있는 투자에도 관심을 가지게 되었다. 신용이 되니 대출이라는 레버리지를 활용할 수 있게 되었고 투자금이 커질수록 내가 가진 돈이 점점 부족하게 느껴졌다.

그래서 더 많은 돈을 벌기 위해 새로운 사업을 시작했다. 기존에 했던 성공의 경험을 토대로 미친 듯이 몰입하고 임계점을 넘으며 또 돈을 벌게 되었다. 수입이 늘자 그 수입에 맞는 사람들을 만나게 되었다. 그들은 내가 살면서 한 번도 보지 못했던 방법으로 큰돈을 벌고 있었다. 나도 덩달아 투자금액이 점점 커져갔다. 최소 몇억 원에서 몇십억 원이 필요했다. 그들과 같은 선상에서 투자를 하려면, 나도 더 많은 돈을 벌어야만 했다.

직장을 다닐 때 필요하다고 느낀 돈은 고작 10, 20만 원이었지만 이제는 최소한 1, 2억 원이 필요하다. 돈이 부족하다고 느끼는 금액도 더 커졌다. 이런 이유 때문인지 많은 사람이 수입이 늘

어도 돈이 부족하게 느껴지고, 또 그로 인해 더 많은 돈을 벌기 위
해 최선을 다할 수밖에 없게 되는 걸 알게 되었다.

부자가 더 부자가 될 수밖에 없는 이유

돈이 있으면 돈을 벌기가 더 쉽다는 말이 있다. 사실일까? 부자는 신용이 있기 때문에 많은 돈을 대출받을 수 있다. 일반인들과 조건도 다르다. 은행에 예금 10억 원 이상을 예치하면 VIP로 대접받으며, 대출을 받을 때 은행에 가지 않아도 직원이 직접 내 사무실에 서류를 가지고 방문한다. 리스크는 적지만 은행 이자보다 더 받을 수 있는 투자 기회도 얻는다. 부동산 투자를 해도, 더 비싸고 좋은 집을 살 수 있고, 그만큼 시세차익도 더 많이 얻는다.

2023년 8월, 부산 광안리에 위치한 3층짜리 건물을 다른 두 명과 함께 공동투자를 했다. 100평 정도의 규모로 매매가가 29억 원이었다. 리모델링과 기타 비용은 5억 원. 총 34억 원이었다. 이

중에서 대출이 23억 원이 나왔다. 나머지 11억 원은 공동투자로 진행했다. 23억 원에 대한 이자는 월 980만 원. 1~3층까지 임대료는 990만 원. 바닷가가 살짝 보이는 3층짜리 건물을 사서, 대출이자를 임차인이 주는 월세로 맞출 수 있다는 걸 알게 되었다. 2년 후 50억 원으로 건물을 팔 계획이다. 실제 투자금은 11억 원이지만 매도해서 얻을 수 있는 예상 수익은 16억 원이다. 11억 원을 투자해서 2년 후 16억 원을 벌면 수익률이 145%나 된다. 과연, 일반인들이 이런 투자를 알까? 어느 정도의 자본금과 정보만 있으면 30억 원이 넘는 건물을 대출을 통해 사고, 이자는 임차료로 낼 수 있다. 나중에 건물을 매각한 뒤, 다시 더 큰 건물을 사면서 스노우볼처럼 계속 돈을 굴릴 수 있다.

이 정도는 작은 규모에 속한다. 20억 원 정도만 있으면 100억 원 이상의 건물도 살 수 있다. 예쁘게 리모델링을 해서 임차를 맞춘다. 대출이자는 자영업자들이 열심히 일해서 매달 주는 임대료로 충당한다. 몇 년 후, 150억 원에 건물을 매도한다. 그리고 50억 원 이상의 시세차익을 얻는다. 이렇듯 부자는 가난한 사람보다 훨씬 더 돈 벌 방법이 많고, 또 돈 벌기도 쉽다.

보통, 대출을 받기 위해서는 많은 서류를 내야 한다. 은행도 돈을 잃기 싫어 리스크 관리차원에서 여러 검증 과정을 거친다.

대출받기도 까다롭다. 대출이자도 상대적으로 높다. 직장인이면 신용대출, 집을 가지고 있으면 담보대출을 받을 수 있다. 하지만 VIP는 대출 조건이 다르다.

아는 지인은 40대 초반임에도 불구하고 주식 배당금으로만 월 1억 원 이상을 받고 있다. 연 배당 1억 원도 힘든데 월 1억 원 이상 배당을 받는다. 이런 부자는 배당금으로 다시 주식을 사거나 건물을 매입하는데 쓴다. 현금흐름이 되기 때문에 뭘 해도 할 수 있다. 그렇다. 부자는 돈 벌기가 훨씬 더 쉽다.

2024년 11월, 미국 대선이 있었다. 그리고 트럼프 대통령이 당선됐다. 그리고 며칠 만에 내가 가지고 있던 비트코인과 테슬라 주식이 1억 원 이상 올랐다. 1억 원이라는 돈은 보통 직장인 월급이 300만 원이라고 가정한다면, 돈을 쓰지 않고 무려 3년을 일해야 벌 수 있는 큰 금액이다. 그러나 난 특별한 노동 없이 투자 소득만으로 꽤 많은 돈을 벌었다. 이때 돈이 돈을 벌어다 준다는 말이 무슨 말인지 실감했다. 나보다 더 투자금이 많은 사람은 1억 원이 아니라 5억 원 이상도 벌었다. 돈이 없을 땐 돈 버는 일이 가장 힘들었다. 하지만 어느 정도의 자산이 생기니, 돈이 돈을 벌어다 주는 구조가 되었다. 노동으로 돈을 벌려면 시간적, 물리적 한계가 있을 수밖에 없지만, 돈이 돈을 버는 데는 한계가 없다.

돈이 많으면 무조건 행복할까?

돈과 행복의 상관관계는 과거부터 많은 연구 주제로 쓰였다. 그러나 최근 그 연구 결과가 달라졌다.

노벨 경제학 수상자인 대니얼 카너먼과 앵거스 디턴 프리스턴대 교수는 2010년 '행복감은 소득과 함께 커지지만, 연봉 6만~9만 달러(약 8,300만 원~1억 2,000만 원)가 되면 정점을 찍고 평평해진다'는 연구 결과를 발표했다. 키링스워스 연구원은 이후 13년이 지난 2023년, 카너먼 교수와 함께 돈과 행복의 상관관계가 연 소득 50만 달러까지 지속된다는 논문을 발표하며, 이번에는 그 범위를 50만 달러 이상으로 넓혔다.

그러니, 수백만 또는 수십억 달러의 순자산을 가진 부유층의 삶의 만족도가 평균 7점 만점에 5.5~6점으로 나타났다. 반편 연소득 10만 달러(약 1억 4,000만 원)를 버는 사람들은 4.6점, 연소득 1만 5,000~3만 달러(약 2,000만 원~4,000만 원)를 버는 사람들은 4점을 약간 넘는 수치를 기록했다.

특히, 키링스워스 연구원은 "부유층과 중산층 간의 행복도 차이가 중산층과 저소득층 간의 차이보다 거의 3배 더 크다"고 설명했다.

이전에는 어느 정도 수입 이상이 되면 행복도가 더 이상 늘어

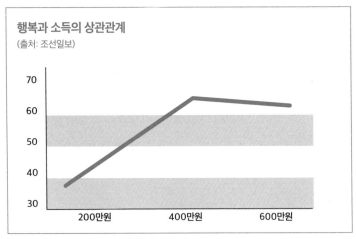

행복과 소득의 상관관계
(출처: 조선일보)

행복과 소득의 상관관계에 대한 연구결과 - 2010년

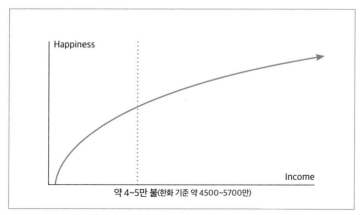

Happiness

Income

약 4~5만 불(한화 기준 약 4500~5700만)

행복과 소득의 상관관계에 대한 연구결과 - 2023년

나지 않는다는 연구 결과가 있었다. 하지만 범위를 넓히니 연구 결과가 바뀌었다. 수입이 늘면 늘수록 만족도와 행복도가 올라간다는 것이다.

돈이 많다고 무조건 행복한 건 아니다. 하지만 돈이 없으면, 하고 싶은 걸 하지 못하기에 그로 인한 행복함을 느끼기 어렵다. 돈이 있는 것과 없는 것 중 선택할 수 있다면, 하고 싶은 걸 선택할 수 있는, 돈이 있는 삶이 훨씬 행복하고 좋다.

난 수입이 늘고 아내와의 다툼이 많이 줄었다. 양가 부모님에게 얼마의 용돈을 드릴지, 가족들끼리 식사하면 누가 돈을 낼지,

여행을 가려면 어디로 갈지, 자녀를 어떤 학원에 보낼지 등 돈 이야기를 할 때가 많다. 돈이 없으면 돈 이야기가 나오는 순간 서로가 예민해지고 분위기가 안 좋아진다. 하지만 여유 있는 집안은 모든 대화가 자연스럽게 흘러간다.

경제적으로 여유가 있으면 물건을 구매하거나 음식을 주문할 때 가격표를 보지 않는다. 그리고 남에게 아쉬운 소리를 할 일도 없다. 무언가를 선택할 때 선택의 폭도 넓어진다. 돈으로 행복을 살 순 없지만, 돈이 있으면 행복할 확률이 현저히 높아지는 건 명백한 사실이다.

 100만 원 상당의
무료 혜택 증정
QR코드

돈 버는 공식, 진짜 존재할까?

사람들은 빠르고 쉽게 돈 버는 방법을 찾는다. 천천히 돈 버는 건 재미 없고 따분한 일이라고 생각한다. 그런 사람의 심리를 반영해 〈나는 4시간만 일한다〉, 〈부의 추월차선〉과 같이 적게 일하고 많이 버는 방법을 다루는 책이 인기가 많다. 대부분, 어떤 일을 1년 이상 꾸준히 하라고 말하면 그 1년을 참지 못한다. 유튜브에는 '○○○으로 3개월 만에 월 500만 원 벌기', '쇼핑몰 시작하고 2달 만에 월 1억 원 만든 방법'과 같은 자극적인 영상이 조회수가 높다. 물론 그렇게 버는 사람이 있을 수 있다. 하지만 그건 평균이 아니라 예외다. 모든 일에는 순서가 있다.

초등학교, 중학교, 고등학교, 대학교까지 14~16년을 공부한 뒤 취업을 준비해서 겨우 직장을 얻는다. 그리고 첫 직장에서 받는 월급이 세후 300~400만 원이다. 14년 이상 공부해서 얻은 월급이 300~400만 원인데 아무것도 모르는 분야에 뛰어들어 몇 달 만에 월 300만 원을 번다는 건, 솔직히 상식적이지 않다.

나는 쇼핑몰 강의를 하며, 많은 수강생을 만났다. 다들 처음 시작할 때는 큰 꿈을 품고 강의를 수강한다. 하지만 강의 주차가 지날수록 수강생들의 의지가 점점 사그라든다. 4주 과정으로 수업을 하면, 1주차에는 수강생들 눈에서 레이저가 나온다. 정말 돈을 긁어모으겠다는 의지가 눈빛과 행동에서 나온다. 숙제를 내주면 80% 이상이 해낸다. 나머지 20%는 바쁘다는 이유로 하지 않는다. 2주차 수업에는 1주차보다 참석률도 저조하다. 수강생들 눈에 힘이 조금 빠져있다. 3주차 수업은 수강생 중 30%가 늦게 온다. 그리고 마지막 4주차는 회사 일 때문에 바쁘다며 참석이 힘드니 녹화본을 달라고 한다. 4주 과정을 실시간으로 듣는 사람은 50%가 채 되지 않는다.

비싼 수강료를 냈으면, 수업을 끝까지 듣고 숙제도 해야 하지만 그 열정이 4주를 넘기지 못한다. 4주 수업이 끝나고 6개월 이상 쇼핑몰을 운영하는 사람은 20%도 안 된다. 수업을 듣고 아무것도 하지 않으면서 돈을 벌고 싶어 한다. 하지만 단언컨대, 시간을 투자하지 않고, 또 시행착오를 겪지 않고서는 돈 버는 노하우를 얻을 수 없다. 부동산, 주식, 코인, 유튜브, 블로그, SNS, 온라인 쇼핑몰 등 자본주의에서 돈을 벌기 위해서는 '무조건적'인 인풋의 시간이 있어야 한다.

어떤 일이든 유의미한 결과물을 보려면 임계점을 넘어야 한다. 물도 99도까지는 끓지 않는다. 그러다 100도가 되면 끓는다. 임계점은 사람마다, 일마다 다를 수 있지만 그래도 최소 6개월에서 1년은 꾸준히 해야 한다. 그 과정 속에서 다양한 경험을 하며 스스로 사고하고 판단할 수 있는 능력이 생긴다.

난 스마트스토어에 몰입했다. 코로나 기간 재택근무를 할 때 회사 일을 최대한 빨리 처리하고 하루 종일 어떤 상품을 팔지 알아보고 상품을 등록했다. 아이를 재우고 새벽까지 컴퓨터 앞에 앉아 시장의 트렌드를 분석했다. 하루에 1~2시간만 일했다면 1년 이상 해야 할 일을, 난 매일 8시간 이상 갈아 넣었다. 결과를 예측할 수 없는 일에 내 시간과 에너지를 쏟는다는 건 직장인으로서 쉬운 일이 아니다. 하지만 난 단기간에 최대한 많은 경험을 쌓기 위해 몰입했다. 그 결과, 남들이 1년 이상 해서 만들 수 있는 성과를 단 5개월 만에 만들었다. 내가 특별해서도 아니고 특별한 방법을 사용한 것도 아니었다. 돈 버는 방법은 누구나 알고 있다. 하지만 그 과정이 힘들어서 다들 포기할 뿐이다.

1. 나는 돈을 좋아하는가? 아니면 싫어하는가?

2. 얼마 정도 있으면 부자라고 생각하는가?

   (부동산, 금융자산, 현금 등)

3. 만약 모든 걸 할 수 있다면,

   난 어떤 방법으로 부자가 될 것 같은가?

생각해보기

4. 만약 1,000억 원을 가지고 있는 부자가 된다면

　　어떤 하루를 살고 싶은가?

....

....

....

....

....

....

5. 돈이 많으면 어떤 점이 안 좋을 것 같은가?

....

....

....

....

....

....

4

자기계발서는
우리를 속이고 있다

미라클 모닝은 가스라이팅의 첫 단추

자기계발서를 보면 아침 일찍 일어나야 성공할 수 있는 것처럼 말한다. 사회 통념상 일찍 일어나야 할 것 같은 분위기가 만들어졌다. 하지만 과연, 일찍 일어나야 성공할 수 있는 것일까? 아니다. 사람마다 생체리듬과 집중할 수 있는 시간대가 다르다. 올빼미족처럼 밤늦게 일하는 게 집중이 더 잘되는 사람도 있고 아침형 인간으로 일찍 일어나서 일하는 게 일이 잘되는 사람도 있다.

한때 자기계발 모임에서 새벽에 일어나 그 시간을 인증하는 것이 유행인 적이 있었다. 그렇게 하는 게, 잘될 수 있는 최소한의 조건인 것처럼 말했다. 내가 아는 인플루언서 중 한 명은, 한 달에 5만 원의 회비를 받고 미라클모닝을 외치는 카카오톡 오픈 채팅방을 운영하고 있다. 이 방에서 나오는 수입만 해도 월 500만 원이 넘는다. 새벽 5시에 일어나 인증을 하고 줌을 켜서 1시간 동안 책을 읽는다. 그리고 한 달 동안 빠지지 않고 참여한 사람에게 5만 원을 환급해준다. 웃긴 사실은 정작 미라클모닝 채팅방을 운영하는 본인은 올빼미족이라 밤에 집중이 잘되지만, 본인이 운영자라 늦잠도 못 자고 새벽에 일어나서 인증한다고 했다. 아침에 일찍 일어나니 점심쯤 되면 잠이 쏟아진다고 한다. 그래서 낮잠을 1시간 정도 자고 일어나면 머리가 멍하고 업무에 집중이 잘 안된다고 했다. 그렇게 몇 개월 시간을 보내더니 오픈 채팅방 운영으로는 돈을 벌었을지 모르지만, 정작 중요한 본인 사업은 잘 안되고 있다고 했다. 차라리 아침에 푹 자고 조금 늦게 일어나서 하루를 보내는 게 훨씬 더 나았을 텐데 아침에 일찍 일어나야 하는 분위기 때문에 어쩔 수 없이 그런 삶을 살고 있다.

부자라고 모두 일찍 일어나지 않는다. 아침에 일어나도 시간을 알차게 쓰는 것이 중요하지, 새벽에 일어나 유튜브를 보고 넷플릭스를 보면 아무 의미가 없다. 새벽에 일어나 게임을 하는 사람도 있다. 부지런히 산 것 같지만 정작 생산적인 일을 하지 않으면 돈을 벌기 힘들다. 무슨 일을 하든 본질이 중요하다. 아침에 일찍 일어나는 이유는 조용한 시간에 누구의 간섭도 받지 않고 생산적인 일을 하기 위함이다. 무조건 아침에 일어나야 성공하고 잘 사는 것은 아니다.

통상적으로 저녁에는 일이 많다. 회식 또는 친구를 만나거나, 집중해야 할 때 연락이 올 때가 많다. 그래서 외부의 간섭이나 방해를 받지 않기 위해, 아침 시간을 활용하는 것이 좋다. 하지만 그것도 사람마다 다르다. 우리가 익히 알고 있는 방법들이 모든 사람에게 100% 적용되는 것은 아니다. 사회적으로 성공해도 돈을 못 벌 수도 있고, 사회적으로 성공하진 못했지만, 돈은 많이 벌 수도 있다. 아침이냐 저녁이냐가 중요한 것이 아니다. 내가 어느 시간대에 집중을 잘하는지 알아야 선택할 수 있다. 그래야 자기계발서에 끌려다니지 않는다.

꿈을 적고 소원을 빌면 꿈이 이루어진다?

사람이 간절하면 뭐라도 믿게 된다. 아무리 비현실적인 이야기라도 절박하면 속는 셈 치고 한 번은 해본다. 나도 마찬가지였다. 삶이 너무 힘드니 뭐라도 해야 할 것 같았다. 그러다 우연한 기회에 유튜브에서 김승호 회장이 원하는 꿈을 100일 동안 100번 쓰면 이룰 수 있다는 영상을 봤다. 평소의 나였으면 말도 안 되는 소리라고 생각하고 넘겼을 텐데, 내 삶이 힘드니 그렇게 해서라도 가난을 벗어나고 싶었다. 아무리 생각해도 100번은 너무 많은 것같아 25번으로 줄였다. 그리고 매일 새벽에 일어나 "나는 100만 부 이상의 책을 판매하는 베스트셀러 작가가 된다"라고 적었다. 왜 그런 문장을 썼는지 기억은 나지 않는다. 단순히 책을 쓰고 많이 팔면 돈을 많이 벌 줄 알았다. 100만 권이 얼마나 많은 숫자인지도 몰랐고, 작가가 인세로 몇 %를 받는지도 모르고 아무 생각 없이 그렇게 매일 썼다. 1년을 꾸준히 했지만 책을 출간조차 하지 못했다. 미신처럼 무조건 적고 주문을 외운다고 이뤄지는 건 아니다.

요즘에도 SNS를 보면 목표 100번 쓰기 챌린지가 한창이다. 온 마음을 다해 그 꿈이 이루어졌다고 상상하면 이루어진다고 한다. 100일 동안 100번의 목표를 쓰면 이룰 수 있다고 한다. 그러나 정말 많은 이들이 도전했지만, 정작 그 꿈을 이룬 사람은 극소수밖에 없다. 실제로 꿈을 적기만 해서 그 꿈이 이뤄질 수 있다고 하면, 100일이 아니라 1,000일도 적을 수 있다. 예를 들어 "난 500억 원짜리 건물을 가진 건물주가 된다"라고 1,000일을 적는다 쳐보자. 적기만 해서 진짜 그렇게 될까?

지금까지 나는, 자기계발서만 수백 권 이상 읽었다. 대부분 이야기하는 것이 비슷하다. 목표를 구체화해라, 꿈을 시각화해라, 꿈이 이루어졌다고 상상하고 행동해라, 목표를 여러 사람에게 말해라, 이루고 싶은 목표가 있다면 100일 동안 100번 써라, 자신의 꿈이 이루어졌다고 믿고 아침마다 확언해라.

이렇게 하면 누구나 꿈을 이루고 부자가 될 수 있을까? 또 꿈을 이루고 부자가 된 사람은 이런 방법을 써서 그렇게 된 것일까?

삼성전자 이재용 회장도 매일 아침마다 꿈을 상상하고 확언하며 목표를 100번씩 써서 부자가 됐을까? 마이크로소프트 창업자 빌 게이츠, 아마존의 CEO 제프 베이조스, 테슬라의 CEO 일론 머스크도 매일 아침 확언하고 목표를 시각화하며 살아서 대단한 업적을 이루고 부를 쌓은 것일까?

웃긴 상상을 한 번 해보자. 자산 10조 원을 가진 부자가 있다. 언론사에서 이 부자에게 어떻게 부자가 됐는지 노하우를 물었다. 그때 10조 자산가가 "저는 아침에 일어나자마자 가래침을 창문 밖으로 뱉으며 꿈을 상상합니다. 그 덕분에 이렇게 부자가 될 수 있었어요."라고 말했다. 이 이야기를 듣고 그를 추종하는 10,000명의 사람들이 부자의 말대로 매일 아침 일어나자마자 창문 밖으로 침을 뱉으며 꿈을 상상했다고 하자. 확률적으로 그중에 1~2명은 꿈을 이룬 사람이 나온다. 꿈을 이룬 사람은 진짜 아침마다 가래침을 뱉어서 성공했다고 믿고, 그걸 다른 사람에게 자랑처럼 이야기할 것이다. 반면 가래침을 뱉으며 꿈을 상상했지만, 꿈을 이루지 못한 사람은 매일 뱉지 않아서, 믿음이 부족해서 꿈을 이루지 못했다고 말할 수 있다.

상식적으로 이해가 안 되는 행동도 대단한 업적과 부를 이룬 사람이 말하면 그 권위 때문에 근거 없는 말이지만 믿는 경향이 있다. 이상한 행동도, 많은 사람이 도전하면 확률적으로 그중에 대단한 결과를 만든 케이스가 나오기 마련이다. 물론 목표를 세우고 그걸 이루기 위해 열심히 사는 건 좋은 일이다. 하지만 단순히, 종이에 꿈이나 목표를 여러 번 쓴다고 이룰 수 있는 건 아니다.

2023년 한 해 동안, 반도체 부품회사인 리노공업 이채윤 회장님에게 경영에 대해 배운 적이 있다. 회장님은 가지고 있는 주식 가치만 1조 원이 넘는다. 회장님은 현대 경영학의 창시자로 알려진 피터 드러커의 말이 현실에 맞지 않는다고 말씀하셨다. 목표 관리는 이론이 아니라 실전이라, 큰 회사를 경영함에 있어 맞지 않는 부분이 많고, 특히 한국회사와는 더 맞지 않다고 하셨다. 과연 누가 피터 드러커의 말에 반박할 수 있을까? 피터 드러커는 목표와 경영이 중요하다고 말하지만, 이채윤 회장님은 본인의 회사를 창업한 뒤, 국내 최고의 회사로 만드신 분이다. 아침에 매일 일어나 꿈을 상상하고, 노트에 목표를 적어서 부와 성공을 이루신 것이 아니었다. 누구는 꿈을 적어서 이루고, 누구는 꿈을 적지 않아도 이룬다. 과연 누구의 말이 맞는 것일까?

성공은 오로지 자신의 경험에 의해 만든 결과물이다. 한 인간이 성공하기까지, 또 부자가 되기까지 많은 변수가 있다. 좋은 사람을 만나서, 뛰어난 두뇌를 가져서, 돈 되는 아이템을 발견해서, 시대와 환경이 도와줘서 등 많은 조건이 잘 맞아떨어져 그런 결과를 만든 것이다. 주가가 오르면 오른 이유를 찾고, 떨어지면 떨어진 이유를 찾는 것처럼 사람들은 결과론적인 이야기를 한다. 그건 누구나 할 수 있다.

부자의 태도와 마인드는 배울 수 있지만, 이미 부자가 된 사람의 행동을 그대로 따라 한다고 누구나 부자가 되는 건 아니다. 예전에 나는, 여러 독서모임과 자기계발 모임에 참여한 적이 있다. 회원들은 새벽마다 본인의 꿈을 녹음해서 카톡방에 올리거나, 목표를 100번씩 노트에 쓰고 인증사진을 올렸다. 정말 열심히 사는 분들이 많았지만 안타깝게도 그중에 본인의 꿈을 녹음하고, 종이에 목표를 적은 사람 중 꿈을 이룬 사람을 본 적이 없다. 그렇게 새벽마다 미라클 모닝을 외치며 열심히 살지만, 정작 그들은 경제적으로 매우 힘들게 살고 있었다. 나도 그들의 마음을 안다. 왜냐면 나도 해봤기 때문이다.

새벽 5시에 일어나 미라클 모닝을 외치고, 매일 글을 쓰고, 확언하며 1년 이상 살아봤다. 스스로 잘 될 거라는 희망으로 꾸역꾸역 하긴 했지만 내 삶은 조금도 나아지지 않았다. 부자가 되려면 많은 노력과 운이 필요하다. 대중과 다른 무엇인가가 있어야 한다. 운도 따라줘야 한다. 운은 말로 표현하기 어려운 부분이지만 사람들은 운을 명확하게 정의 내리고 싶어한다. 인과관계를 만들기 위해, 부를 이룬 사람이 했던 행동 중 부자가 되게 만들었을 법한 원인을 찾아서 말한다. 사실 그것 때문에 그 사람이 부자가 된 것이 아니었는데도 말이다.

책 1,000권을 읽으면 인생이 달라질까?

코로나 전에 독서 모임에 꾸준히 나갔다. 내가 나간 모임에는 3년 동안 1,000권 이상 책을 읽는 사람이 2명 있었다. 1,000권은, 하루에 최소 1권을 3년 동안 꾸준히 읽어야만 달성 가능한 숫자다. 언뜻 듣기에는 많은 책을 읽어 엄청난 내공을 가지고 있는 것 같았지만, 아쉽게도 그들의 실상은 전혀 그렇지 않았다. 아웃풋 없는 독서는 큰 효과를 보기 힘들다. 솔직히, 돈을 버는데 독서가 엄청나게 도움이 되는 건 아니다. 목적 없이 단순히 읽는 권수만 늘리는 건 무의미하다. 예를 들어 어떤 문제가 생겼는데, 그 문제를 해결하기 위해 책을 읽으면 거기서 힌트를 얻고 도움이 될 수 있다. 하지만 무작정 뚜렷한 목표없이 책을 읽는다해서 삶이 더 나아지지 않는다.

지인 중 정말 미친 듯이 독서를 하는 분이 있다. 그의 독서량은 타의 추종을 불허하지만, 경제적으로 매우 힘들게 지내고 있다. 책을 많이 읽는다고 부자가 되는 건 아니다. 책에서 본 것을, 배워서 아는 것을 실천할 수 있어야 자본주의에서 돈을 벌 수 있다. 인풋보다 아웃풋이 더 중요하다. 책을 100권 읽는 게 중요한 것이 아니라 1권을 읽더라도 그걸 요약해서, 인스타나 블로그에 올려 사람들의 관심을 받는 것이 돈을 버는데 더 필요한 능력이다.

우리는 학자가 아니다. 책을 읽고 연구하는 사람이 아니라, 돈을 벌기 위한 수단으로 책을 읽고, 자신의 삶에 적용하려 노력하는 사람이다. 책을 통해 뭔가를 배우는 데 그치는 게 아니라 실천해야 한다. 자기계발서를 읽고 가슴이 뜨거워졌으면 움직여야 한다. 재테크 책을 수백 권 읽고 행동하지 않는 것보다 내 돈 10만 원이라도 들여서 직접 투자를 해보는 게 훨씬 낫다. 그렇게 되면 자연스레 투자에 관심을 가지게 된다. 부동산 책을 100권 보는 것보다, 공인중개사를 만나 아파트 단지에 대해 브리핑 받는 것이, 또 내가 직접 매매계약서를 작성하는 것이 훨씬 더 도움 된다.

책을 많이 읽고 부자가 된 사람이 있는 반면, 책을 많이 읽지 않아도 부자가 된 사람이 있다. 책은 돈을 버는데 도움이 되는 건 사실이지만, 그것 때문에 돈을 벌었다고 말하긴 어렵다. 예를 들어 1,000억 원의 자산을 가진 부자가 있다고 하자. 이 사람이 책을 많이 읽어 1,000억 원을 벌 수 있었다고 말할 수 있을까? 독서뿐만 아니라 실천력, 끈기, 성실, 추진력, 시장 타이밍 등 여러 복합적인 것들이 어우러져 만들어진 결과물이다.

사람들은 정답을 좋아한다. 왜 그런 결과가 나왔는지 명확한 원인을 찾고 싶어한다. 그러나 부자는, 자신이 어떻게 부자가 됐는지 모르는 경우가 많다. 왜냐면 너무 많은 변수가 있기 때문이다. 언제 어떤 아이템을 가지고 창업했는지, 누굴 만났는지, 당시 어떤 경제 상황이었는지, 어떤 책을 읽고 어떻게 적용했는지 등. 심지어 코로나 같은 예상하지 못한 이슈로 돈을 번 사람도 있다.

부자가 된 사람에게, 0부터 다시 시작해서, 지금의 부를 이룰수 있냐고 물어본다면 "네"라고 말할 수 있는 사람은 많지 않을 것이다. 얼마 전 김승호 회장의 사장학개론 강의를 오프라인으로들은 적이 있다. 김승호 회장이 말하길, 제자 중에서 첫 번째 프랜

차이즈를 만들어 엄청난 성공을 거둔 사장이, 2번째 프랜차이즈를 만들어 성공한 케이스는 아직까지 한 번도 본 적이 없다고 말했다. 그만큼 다시 성공하는 건 생각보다 힘든 일이다. 왜냐면 성공에는 운의 요소가 들어가 있기 때문이다.

부자를 인터뷰하는 영상을 보면 운이 좋았다고 말하는 경우가 많다. 그건, 겸손하게 보이려고 연기하는 것이 아니라 진짜 운의 영향이 컸기 때문이다. 운칠기삼이라는 말이 그냥 나온 게 아니다. 운이 70% 실력이 30%. 물론 실력이 있는 사람에게 운도 따라주지만, 무조건 실력으로 돈을 벌 수 있는 건 아니다.

2020년 1월, 코로나가 시작됐다. 난 이때 온라인 쇼핑몰에 입문했다. 아는 지인은 2020년 1월, 큰 식당을 오픈했다. 같은 시작이지만 난 코로나로 인해 엄청난 수혜를 봤고 그 지인은 1년 후 엄청난 빚을 지고 폐업을 했다. 만약 코로나가 없었다면 난 직장생활을 계속했을 것이고, 지인은 식당을 통해 많은 돈을 벌었을 수도 있다. 내가 잘 됐고, 지인이 안 됐던 건 실력보다 운의 영향이 컸다. 이런 변수까지 예상하며 사업을 한다는 건 거의 불가능에 가깝다.

물론 나도 쇼핑몰로 돈을 벌기 위해 정말 열심히 했다. 하지만 코로나라는 이슈가 없었다면 온라인 시장은 단기간에 성장하기

힘들었을 것이고, 나도 수입이 생각만큼 안 돼서 중도에 포기할
수도 있었을 것이다.

'전 돈 욕심 없어요', '선한 영향력'의 불편한 진실

우리나라에는 3대 거짓말이 있다. 첫째, 노인이 빨리 죽고 싶다는 말. 둘째, 물만 먹어도 살이 찐다는 말. 셋째, 장사꾼이 밑지고 판다는 말. 모두 거짓말이다. 그리고 최근에 추가된 거짓말이 1개가 더 있다. "전 돈 욕심 없어요."라는 말이다.

돈 욕심 없는 사람이 있을까? 돈을 보고 욕심이 생기지 않는 사람은 모든 걸 포기하고 산속에서 도를 닦는, 세상일을 초월한 수도승밖에 없을 것이다. 그만큼 대부분의 사람이라면 돈 욕심이 있을 수밖에 없다.

자기계발 분야에서 유명한 강사들이 나와 "저는 돈 욕심 없고 선한 영향력을 위해 살아요."라고 종종 말한다. 물론 그들의 선한 영향력을 의심할 마음은 없지만, 그렇게 말하면서 강의비는 비싸게 받는다. 그리고 다이어리, 스케쥴표, 확언노트 등 여러 가지 상품을 꽤 비싸게 판매한다. 정말 선한 영향력을 위해서라면 무료로 나눠줘야 하지 않을까라는 생각이 든다.

사업을 하는 첫 번째 목적은 돈을 벌기 위함이다. 돈에 욕심 없는 사람이 사업을 할리 만무하다. 그런 사람은 이윤을 추구하는 사업이 아닌 봉사단체를 운영해야 한다. 상식적으로 돈을 좋아하는 사람이 사업을 한다. 사업을 하는 사람이 선한 영향력을 말하는 진짜 이유는 그런 이미지를 만드는 것이 돈을 더 벌어다 주기 때문이다. 선한 영향력만 주고 싶다면 수익 활동을 하지 않아야 정상이지만, 선한 영향력 뒤에는 항상 자본주의가 따라다닌다.

직장생활을 할 때 연말 행사로 강사를 섭외한 적이 있다. 그때 강사도 등급이 있다는 사실을 알게 되었다. A급 강사는 누구나 다 알만한 사람이다. 이런 분은 시간당 1,000만 원 이상 받는다. B급 강사는 책을 한 권 이상 쓰고 세바시(세상을 바꾸는 시간)같은 프로그램에 나온 사람이다. 대중적이진 않지만, 특정 분야에 권위가 있는 사람이다. 이런 분은 시간당 500만 원을 받는다. 이 분들은 본인이 책정한 금액 이하로 섭외하면 오지 않는다. 선한 영향력으로 움직이는 강사지만, 돈이 적으면 움직이지 않는다. 참 아이러니하다. 좋은 영향력, 돈에 관심도 없고 오로지 동기부여를 주고 싶다고 말하지만 철저히 돈에 따라 움직인다.

강사에게 "왜 이 일을 하십니까?"라고 물어본 적이 있다. "저는 선한 영향력을 위해서 이 일을 합니다"라는 답변이 돌아왔다. 그땐 그걸 곧이곧대로 믿었지만, 지금은 이렇게 받아들인다. "선한 영향력을 (통해 더 많은 돈을 벌기) 위해서 이 일을 합니다." 저렇게 말하는 것이 나쁘다는 것은 아니다. 대중 앞에 서는 강사일수록 돈 이야기를 하면 손가락질을 받기 쉽기 때문에, 본인의 의도를 숨긴 채 말하는 것도 이해한다. 하지만 강사가 의도를 숨기고 말한다 하더라도, 우리는 그 속뜻을 알고 있어야 한다.

쇼핑몰 강의를 할 때 처음 수업 듣는 수강생들은 이렇게 말한다. "전 돈 욕심 없어요. 월 100만 원만 벌면 진짜 만족할 것 같아요." 하지만 그들이 월 100만 원을 벌면 만족은커녕 더 매출을 늘릴 수 있는 방법을 알려달라고 난리다. 그리고 월 200만 원, 300만 원을 벌면 만족을 모르고 더 많은 돈을 벌고 싶다고 한다. 분명 처음 만났을 때는 월 100만 원만 벌어도 만족하겠다고 했지만, 본인이 그 말을 했는지조차 기억하지 못 한다.

처음 누군가를 만났는데 "전 돈 욕심 없어요."라고 말한다면, 난 그 사람을 신뢰하지 않는다. 왜냐면 초면에 거짓말을 할 정도면 앞으로 얼마나 더 많은 거짓말을 할지 예상되기 때문이다. 물론 초면에 "전 돈이 좋아요."라고 말하는 것도 웃기지만, 굳이 돈을 좋아한다, 안 좋아한다 말하지 않아도, 충분히 재미있는 대화를 할 수 있다. 거짓말하는 것보다 침묵을 선택하는 것이 훨씬 더 지혜로운 방법이다.

사람이라면 누구나 돈을 좋아한다. 직장인, 자영업자, 사업가, 투자가 등 다들 죽을 둥 살 둥 최선을 다해 일하는 이유는 결국 돈을 벌기 위함이다. 돈을 좋아하지 않고 싫어하는데 그걸 위해 자신의 시간과 에너지를 쓸 순 없다. 돈을 좋아하는 사람 중에 부자가 되는 사람은 있어도 돈을 싫어하는 사람 중에 부자가 되는 사람은 없다. 돈을 좋아한다는 뜻은 결국 돈에 욕심을 낸다는 뜻이다.

"저는 월 수입 딱 1,000만 원만 벌면 절대 욕심 안 부릴 수 있어요, 장담합니다."라고 말하는 사람. 그 사람에게 월 2,000만 원 버는 방법을 알려준다면 그걸 거절하고 "저는 1,000만 원만 벌면 돼요! 더 필요 없어요!" 라고 말하는 사람이 있을까? 99.99%는 방법을 안다면 더 많은 돈을 벌기 위해 움직일 거라 확신한다.

대부분 월 1,000만 원 정도 벌면 만족한다고 말한다. 왜냐면 아직 현실이 되지 않았기 때문에 상상으로는 가능하다. 하지만 월 1,000만 원 수입을 3개월, 6개월, 12개월 꾸준히 벌다 보면 자연스럽게 지출이 커질 것이다. 그리고 늘어난 수입에 맞는 사람들을 만나게 되고 대화의 주제도 많이 바뀔 것이다. 투자 대상도, 투자 방식도 바뀔 것이다. 절대 바뀌지 않을 것 같은 것들이 하나 둘씩 바뀌기 시작하면서 결국 더 많은 돈이 필요해진다. 곧 월 1,000만 원이 아닌 2,000만 원을 벌고 싶은 마음이 들고, 그 돈을 벌기 위해 정신없이 달리는 자신을 발견하게 될 것이다. 처음에는 분명 돈 욕심 없다고 말했지만, 과거보다 더 많은 돈을 벌고 싶은 욕심을 멈추기 힘들게 된다.

왜 그들은 '쉬운 길'만 알려주는가?

자기계발서를 보면 하는 말이 대부분 비슷하다. 아침에 일찍 일어나라, 꿈을 시각화해라, 꿈이 이미 이뤄진 것처럼 행동해라, 목표를 100일 동안 100번씩 적어라, 비전과 미션을 세워라 등 생각보다 엄청나게 힘들거나 어려운 일을 요구하지 않는다. 하지만 모순점이 있다. 저렇게 한다고 인생이 달라지거나 돈을 엄청 벌 수 있는 건 또 아니라는 사실이다. 지금과 다르게 살고 싶다면, 큰돈을 벌고 싶다면 그에 합당한 행동을 해야 한다.

예를 들어, 아침에 일찍 일어나기 전에 내가 아침형 인간인지 저녁형 인간인지 알아야 한다. 집중이 잘되는 시간을 알아내고 그 시간에 몰입해서 무엇인가를 처리해야 한다. 꿈을 시각화하기 전

124

에 내가 어디에 관심이 있는지, 무엇을 할 수 있는지 계획이라는 걸 세워야 한다. 목표를 100일 동안 100번 쓸 시간에 차라리 콘텐츠를 만들거나 쇼핑몰에 상품 하나 더 등록하는 것이 훨씬 낫다.

자기계발서의 저자처럼 말은 쉽게 할 수 있다. 실제 작가가 그렇게 살지 않더라도 그냥 글로는 쓸 수 있다. 몸무게가 100kg 넘는 사람이, 다이어트 책을 출간하고 다이어트를 하고 싶어하는 사람에게 조언을 할 수 있다. "오전 1시간, 오후 1시간 매일 빠짐없이 유산소 운동을 하세요." "오전에는 고구마 1개와 삶은 계란 2개, 점심에는 닭가슴살 2조각 그리고 저녁에는 생선이랑 야채로 식사하세요." "밀가루, 야식, 튀긴 음식, 과자는 절대 먹지 마세요." "물은 하루에 최소 2L 이상 마시세요." 말은 쉽다. 내가 할 것도 아니고 그렇게 시키는 대로 하는 사람이 있다면 100% 살을 뺄 수 있을 것이다. 하지만, 분명 책을 쓴 저자는 100kg 넘는 뚱뚱한 사람이다. 이런 사람의 이론적인 말을 그대로 듣고 따라 한 사람은 다이어트에 성공하고, 그렇게 하지 않은 사람은 조언을 듣지 않아서 다이어트에 실패하게 된 것이다.

명심하자. 성공하려면, 부자가 되려면, 구체적인 행동이 있어야 한다. 목적성 없이 아침에 일찍 일어나고, 내 꿈을 확언하고 목표를 상상한다고 그걸 이룰 수 있는 건 아니다. 구체적인 무엇인가를 해야 한다. 노트에 매일 "나는 쇼핑몰로 100억을 번다!"라는 허무맹랑한 말을 적을 그 시간에 사업자등록증을 내는 것이 낫다. 그리고 쇼핑몰에 입점해서 죽이 되든 밥이 되든 상품을 등록하는 것이, 그 꿈을 이룰 수 있는 훨씬 더 현실적인 방법이다.

두리뭉실한 이론을 말하는 건 쉽다. 왜냐면 어차피 말한 사람이 책임을 질 필요도 없기 때문이다. 되면 내가 시킨 대로 해서 된 거고, 안되면 내가 시킨 대로 안 해서 안된 거라고 빠져나갈 구멍도 있다. 누구나 가는 편안한 길에는 내가 원하는 것이 없을 확률이 높다. 그렇게 쉬웠으면 우리 주위에 부자들이 넘쳐났을 것이다. 그러니, 대중과 달라야 한다. 자기계발 강사가 하는 말을 그대로 듣는다고, 따라한다고 내 삶이 달라지진 않는다. 내 스스로 가치 있는 생산물을 만들어야 먼 훗날, 돈이라는 과실로 돌아온다.

단언컨대, 쉬운 길에는 답이 없다.

1. 주변에 아침 일찍 일어나 성공한 케이스를 본 적이 있는가?

2. 나는 성공을 무엇이라고 정의할 수 있는가?

3. 책을 많이 읽으면 부자가 될 수 있다는 말에 동의하는가?

   아니면, 동의하지 못하는가? 그 이유는?

생각해보기

4. 아침형 인간 VS 저녁형 인간,

   나는 어떤 유형의 사람인가?

....

....

....

5. 하루 중 가장 집중이 잘 되는 시간대는 언제인가?

....

....

....

6. 만약 월 수입 1,000만 원을 달성하면,

   만족하고 더 이상 욕심을 부리지 않을 자신이 있는가?

....

....

....

....

5

정신승리보다
현실을 인정하라

'돈이 없어도 행복할 수 있다'고 말하는 사람 중에 정말 행복하게 사는 사람이 있을까? 난 아직 본 적이 없다. 우리 어머니는 교회에서 권사로 은퇴하셨다. 어머니가 어릴 때부터 나에게 항상 하시는 말씀이 있다. "있는 것에 감사해라, 돈이 없어도 잘 집이 있고 밥을 먹을 수 있음에 감사해라, 너무 '돈돈돈'거리지 말고 직장생활 열심히 해라." 부모님은 10년 넘게 곰팡이 찌든 집에서 사셨다. 골목 속에 골목이 있는 다세대 주택에서 지내셨다. 벽돌이 너무 오래돼서 삭았다. 비가 오는 날에는 비가 줄줄 샜고, 집에 달팽이도 있었다.

집이 너무 오래돼서 이사를 하기 위해 집 계약을 하던 중, 어머니가 날짜를 잘못 적어 계약금을 날릴 상황이 되었다. 어머니는 부동산 중개인 앞에서 펑펑 우셨다. 돈이 없다는 이유 하나만으로. 그 계약으로 인해 어머니는 우울증에 걸렸다. 돈이 없어도 감사하다는 분, 행복하다는 분이 돈 때문에 병을 얻었다. 당시 난 쇼핑몰을 통해 어느 정도 돈을 벌고 있었다. 부모님이 잔금을 받기도 전, 내가 그 돈을 대신 내줄 형편이 되었다. 있는 돈으로 부모님 집 문제를 해결해 드렸다. 그리고 더 좋은 집으로 이사할 때 대출 이자는 내가 내드리기로 했다. 어머니의 우울증은 이사와 동시에 사라졌다. 돈이 없어도 행복하다고 하셨지만 먹고 싶은 걸 드시지 못했고 아파도 병원비가 부담스러워 병원에도 가지 못했다. 정말 어머니는 행복하셨던 것일까? 아니면, 행복하다고 스스로 믿고 싶었던 것일까?

돈이 있다고 반드시 행복한 것도 아니고, 돈이 없다고 반드시 불행한 것도 아니다. 그러나, 돈은 행복하기 위한 수단이다. 돈이 행복의 여부를 100% 결정짓는 건 아니지만, 있으면 훨씬 편하다. 그리고 행복할 조건들이 더 많아진다. 최소한 돈 때문에 스트레스 받을 일은 없어진다. 선택의 폭도 넓어진다.

어른들이 자녀들에게 공부를 열심히 하라고 말하는 건, 직업을 선택할 수 있는 폭이 넓어지기 때문이다. 편의점 알바밖에 할

수 없는 사람과, 편의점 알바, 의사, 변호사, 경찰 등 뭐든 선택할
수 있는 상황에서 편의점 알바를 선택하는 건 다르다. 부자가 라
면을 먹고 싶어서 먹는 것과, 라면밖에 못 먹는 상황에서 어쩔 수
없이 라면을 먹는 건 다르다.

얼마 전 쇼핑몰 수업을 하는데 스님이 온 적이 있다. 내가 운
영하는 카페에서 그 분이 쓰는 닉네임은 무소유였다. 놀랍게도,
절에서 사는 진짜 스님이었다. 그는 수업에 10년도 더 된 것 같은
노트북을 가지고 왔다. 무소유인 스님이, 유튜브를 보다가 우연히
내 채널을 보고 돈을 벌고 싶어 강의를 신청했다고 했다. 강의비
가 꽤 비쌌음에도 불구하고, 수업을 듣기 위해 절에서 잠시 내려
오셨다. 1주차 수업을 듣고 고객이 반품한 제품이 절로 배송된다
는 이야기를 듣자, 주지 스님이 알면 혼난다고 나머지 수업은 환
불하고 나갔다.

절에서 수양하는 스님께서 어쩌다 세속적인 이 세계까지 오
게 됐을까? 자본주의에서 생존하기 위해서다. 돈이 없어도 괜찮
다고 말하는 사람은 두 부류밖에 없다. 세상 물정을 몰라, 누군가
가 자신을 위해 피땀 흘려 돈을 벌어주고 있다는 사실을 인지하
지 못하거나, 자기 자신을 속이는 사람이거나 둘 중 하나다.

132

돈이 없으면 기본적인 생존 자체가 불가능하다. 정말 아무것도 못 한다. 아플 때 병원도 못 가고, 배고플 때 김밥 한 줄조차 사먹지도 못한다. 만약 자녀까지 있다면 학원비, 옷값, 밥값, 생활비를 어떻게 감당하겠는가? '돈이 없어도 행복해'라고 정신승리하는 사람보다, '돈이 있어서 행복해'라고 말하는 사람이 되는 게 훨씬 낫다.

돈 때문에 vs 돈 덕분에

한여름, 30도가 넘는 땡볕에서 일하는 분들이 있다. 한겨울, 영하 10도 이하로 떨어진 추위를 견디며 야외에서 일하는 분들도 있다. 그들에게 왜 이렇게 힘들게 일하냐고 물어본다면 돈 때문에 일한다고 말할 것이다. 몸이 고되지만, 처자식을 먹여 살리기 위해 일을 한다.

코로나 전 참석한 독서 모임, 모임을 진행하는 리더가 옆 사람과 짝을 지어 지금까지 살아오면서 느낀 인생의 교훈을 한 가지씩 말해보라고 했다. 내 옆에 앉은 사람은 50대 후반의 남성이었다. 그분은 "돈이 인생의 전부는 아니다."라고 말씀하셨다. 왜 그런 생각을 하게 됐는지 여쭤봤다. 그러자 그분은 이렇게 답했다.

"살아보니 돈이 인생의 전부는 아닙니다. 대부분일 뿐입니다." 본인이 지금까지 살면서 여러 우여곡절을 많이 겪었는데, 그 이유가 대부분 돈 때문이었다고 했다. 돈이 있으면 간단하게 해결될 일도, 돈이 없어서 고생을 많이 했다고 했다. 문제를 해결하기 위해 돈이 필요했으며, 돈을 벌기 위해 일을 하다 보니 몸과 마음은 피폐해졌고, 어느덧 예순을 바라보는 나이가 되었다고 했다.

본인은 이혼을 했는데, 부부싸움도 언뜻 보기에 돈이 아닌 것 같지만 실상은 돈 때문이라고 했다. 돈 때문에 인생이 망가졌다며 돈이 전부는 아니지만 대부분이라는 결론을 냈다고 했다. 당시 30대 중반의 내가 듣기에는 충격적이었다. 돈이 이렇게나 중요하다는 걸 알게 되었고, 돈으로 한 사람의 인생이 이렇게나 힘들 수 있는지도 알게 되었다.

리노공업 회장님을 처음 만났을 때, 그는 경영자의 길을 가는 사람들에게 딱 한 가지 조언을 해주고 싶다고 하셨다. 그건 바로 '생존'이었다. "꿈보다 생존이 먼저다. 생존부터 해결해야 한다. 가족들을 고생시키고 싶지 않다면 먹고 살 만한 돈부터 벌어놔야 한다." 생존이 해결되지 않으면, 돈 때문에 나뿐만 아니라 내 주위 사람들까지 고생하게 만들 수 있다.

우연히 인스타그램에서 한 의사가 쓴 글을 봤다. "요즘 사람들은 돈 그까짓 것 있다가도 없고 없다가도 있다고 말합니다. 벌면 된다고 말하지만, 사실 그 과정이 절대 쉽지 않습니다. 젊어서 돈을 벌어두면 나중에 선택의 자유가 많아집니다. 한마디로 몸이 늙어가는 인생의 후반부가 여유로워집니다. 돈의 구속에서 벗어나면 인생이 편해집니다. 돈이 없을 때보다 돈이 있을 때 삶의 자유도가 훨씬 높아집니다."

그렇다. 돈 덕분에 인생이 여유로워진다. 돈 덕분에 많은 걸 할 수 있다. 언제든 소고기를 먹을 수 있는 자유가 있는데 삼각김밥을 먹는 사람과, 삼각김밥밖에 먹을 수 없는 사람이 삼각김밥을 먹는 건 엄연히 다르다. 돈이 있으면 죽은 사람을 살릴 순 없어도 건강한 음식을 먹고 건강하게 살 확률이 높다. 병을 얻어도 실력 있는 의료진의 도움을 받아 조금이라도 더 치료를 잘 받을 수 있다. 차를 타더라도 더 튼튼하고 좋은 차를 타서, 사고가 나더라도 더 안전하게 몸을 보호할 수 있다. 돈 덕분에 건강한 삶을 살 수 있고, 더 윤택하게 살 수 있다.

'돈 때문에'라고 말하는 사람과 '돈 덕분에'라고 말하는 사람 둘 중 당신은 어떤 사람이 되고 싶은가?

인심은 결국 돈에서 나온다

백화점 1층 명품관에 가면, 왠지 모르게 거기 있는 사람들에게 여유가 느껴진다. 주변에 경제적으로 여유로운 사람만 봐도 말과 행동에서 여유가 있다. 반면 가난한 사람은 여유가 없어 보인다. 항상 급하다. 사실 나도 그랬다. 돈이 없던 시절, 모임이 끝나고 계산하는 타이밍이 오면 누가 장난으로 나에게 사라고 할까 봐 조마조마했다. 매번 얻어먹기만 하면 구두쇠처럼 보일까 봐, 한번은 내야 하는데 막상 계산하려면 돈이 아까워 선뜻 내지 못했던 적이 많았다. 돈 많은 친구가 밥을 사준다고 할 때는 오히려 자존심이 상해서 내가 계산하고, 집에 돌아오는 길에 엄청나게 후회를 하곤 했다.

부모님께 용돈을 드릴 때도 5만 원을 드릴지, 10만 원을 드릴지 몇 날 며칠 고민했고, 장모님 댁에 가는 길에 과일을 살 때 2만 원짜리 수박을 살지 3만 원짜리 수박을 살지 과일가게 앞에서 한참을 고민했다. 인심 좋은 사람이 되고 싶었지만, 돈 앞에 장사 없었다.

예전에 직장생활을 할 때, 마이너스 통장으로 괌에 가족여행을 간 적이 있었다. 그때는 1천 원도 아까워 청소하는 직원과, 식당에서 서빙하는 직원에게 팁을 주지 못했다. 어차피 한번 보고 안 볼 사이인데, 아까운 내 돈을 주고 싶지 않았다. 그 후, 사업을 시작하고 여유가 생긴 뒤 다시 괌에 놀러 갔다. 그때는 호텔 체크인을 할 때 짐을 들어준 직원과, 방 청소를 해주는 직원에게 팁을 줬다. 식당에서 밥을 먹고 나면 서빙하는 직원에게도 팁을 넉넉히 줬다. 인심은 돈에서 나온다는 걸 다시 한번 느꼈다.

형편이 어려운 친구가 있었다. 친구가 어렵게 돈을 좀 빌려달라고 했다. 그래서 안 받을 생각으로 천만 원을 빌려줬다. 그리고 이후에 잊었다. 아버지가 지인분에게 500만 원을 빌렸는데 갚지 못하고 있다는 사실을 알게 되었다. 그 이야기를 듣고 아버지 친구분에게 500만 원에 이자까지 더해 갚아드렸다. 누나가 신용 카드비를 못 내고 있다고 해서 300만 원을 대신 결제해 줬다. 장모님께서 차를 바꾼다고 하셔서 돈을 보태드렸다. 매달 양가 부모님께 용돈을 드리고 병원비는 내 카드로 사용할 수 있도록 카드를 드렸다. 돈이 없을 땐 상상도 못 할 일이었다.

난 여러 NGO(비정부 기구) 단체에 후원하고 있다. 매달 14명의 아이에게 정기적으로 후원하고 있으며, 비정기적으로 후원이 필요한 곳이 있으면 자발적으로 내고 있다. 월드비전이라는 단체에는, 1억 원 이상 기부하는 고액 후원자로 등록되어 있다. 내가 매년 NGO 단체에 후원하는 금액은 웬만한 직장인 연봉보다 많다.

만약 내가 먹고 살기 힘들다면 주위에 어려운 이웃을 도와 줄 수 있을까? 내가 먹고 살 만하니 지인, 가족, 이웃까지 도와 줄 수 있는 것이다. 인심은 결국 돈에서 나온다.

삶과 죽음. 돈으로 시작해서 돈으로 끝난다

난 아들이 2명 있다. 첫째가 태어났을 때 조리원 비용만 200만 원 정도 들었다. 병원 입원비, 카시트, 유모차 등 첫째만큼은 빚을 내 서라도 좋은 걸 해주고 싶었다. 하지만 이것저것 하다 보니 최소 400만 원 이상의 돈이 필요했다. 한 명의 아이가 태어난 뒤, 케어 하는데 드는 최소한의 비용이다. 당시 경제적으로 매우 힘든 시 기라 눈물을 머금고 저렴한 걸 해줄 수밖에 없었다.

외국계 회사 동료는 연예인들이 묵는다는 조리원에서 2주 있 는데, 무려 2,000만 원이 들었다고 했다. 시아버지가 부자라, 며 느리가 출산했으니 좋은 곳에서 쉬어야 한다며 보내줬다고 했다. 유모차도 저렴한 건 40~50만 원이지만 비싼 건 300만 원이 넘는다. 점점 아이 낳는 게 어려워지다 보니 좋은 걸 해주고 싶은 게 부모 마음이다.

하지만 축하해야 할 출산의 기쁨도 잠시, 돈 걱정을 할 수밖에 없다. 돈 때문에 둘째를 낳을지 말지 5년을 고민했다. 왜냐면 내가 가난했기 때문에 가난을 자녀에게 물려주고 싶지 않았으니까. 자녀만큼은 좀 여유롭게 키우고 싶었지만, 형편이 어렵다 보니 미안한 마음에 자녀를 갖기가 두려웠다.

얼마 전 친할머니가 99세로 돌아가셨다. 장례식에는 여러 번 가봤지만 상주로 상복을 입고 처음부터 끝까지 장례를 치른 적은 이번이 처음이었다. 장례가 진행되는 과정을 보면서 많은 걸 느꼈다. 사람이 죽고 슬퍼하는 가운데서도 자본주의가 판을 치고 있는 걸 눈으로 직접 목격했다. 상복을 2박 3일 빌리는데 남자는 5만 원, 여자는 3만 원. 음식 도우미 이모의 하루 일당은 14만 원. 2박 3일 장례식장을 빌리고 음식비용으로 600만 원. 버스 대절비, 영락공원 화장비, 입관비, 유품 정리, 위패 사진 등 1,200만 원 이상이 들었다. 부모님은 그만한 돈이 없으셔서 내가 대신 결제했다. 기독교식으로 아주 검소하게 진행했는데도 이 정도 비용이 들었다. 과일과 음식은 말도 안 되게 비쌌다. 어차피 대안이 없다는 걸 아는 장례식장은 모든 걸 비싸게 팔았다. 외부 음식 반입 불가 등 이미 모든 것이 다 계획되어 있었다.

죽음을 볼모로 아무 대처도 못하는 유가족에게, 말도 안 될 만큼의 마진을 붙여 팔고 있었다. 수박 한 통에 5만 원, 수육 1kg 14만 원. 떡값, 반찬값, 국값도 너무 했다. 이미 장례식장에 들어온 이상, 잡아놓은 물고기라 생각하는 것 같았다.

한 사람이 죽으면 장례식장은, 또 그와 관련된 회사는 최소 1천만 원 이상의 수입이 생길 것 같았다. 당시 할머니 장례식장이 있던 곳은 6개의 호실이 있었다. 2박 3일 동안 최소 6천만 원 이상의 돈을 벌 수 있다. 6개 호실이 매일 가득 찬다면 월 6억 원 이상의 매출이 예상된다. 장례는 비수기도 없고, 경기를 타지도 않으며 수요가 줄어들 일도 없다. 이런 장례식장과 제휴만 잘해놓으면 평생 돈 걱정 없이 살 수 있을 것 같다는 생각까지 들었다.

할머니가 돌아가셔서 슬픈 와중에도, 매 순간 내 카드로 결제를 하며 너무하다는 생각이 들었다. 난 그나마 여유가 있어 비용을 내는데 부담이 없었지만, 만약 내가 직장인이었다면 이 돈을 누가 냈을까라는 걱정이 들었다. 매시간 조문객이 왔다가는 것만 기다리다 부의금을 털어 겨우 결제해야 하지 않을까 싶었다. 만약 그랬다면 마음이 너무 아팠을 것 같다.

쓸쓸하지만, 이처럼 삶의 탄생과 죽음에도 결국 돈이 있다.

신생아가 병원에서 태어나고, 나이가 들어 장례식장에 가는 순간까지도 돈의 논리로 움직이는 곳이 바로 우리가 사는 세상이다. 이래도 아직 돈이 중요하지 않다고 생각하는가?

수입이 늘어서 좋은 점 4가지

쇼핑몰을 시작하고 수입이 많이 늘었다. 온라인 강의도 오픈해서 3년 동안 14,000명 이상의 수강생을 배출했다. 직장생활 10년 한 것보다, 최근 2년 동안 번 돈이 훨씬 많다. 돈이 없을 땐 몰랐는데 돈을 벌고 나니 사람들이 왜 돈을 좋아하는지, 또 왜 돈을 많이 벌고 싶어 하는지 알게 되었다.

수입이 늘어서 좋은 점이 정말 많지만, 크게 4가지로 정리한다면 아래와 같다.

첫째, 가까운 가족을 물질적으로 도와줄 수 있다.
아버지는 15년 넘게 어금니 없이 앞니로 식사하셨다. 식사하

144

는 아버지를 볼 때마다 마음이 아팠지만 내가 할 수 있는 거라곤 "아버지, 제가 돈 벌어서 임플란트 해드릴게요."라는 말뿐이었다. 내 앞가림도 못하고 월세 살고 있는 형편에 이 하나당 100만 원이 넘는 임플란트를 해줄 방법이 없었다. 하지만 돈을 벌고 난 뒤, 아버지를 치과에 모시고 가서 어금니를 임플란트 해드렸다. 내가 없을 때도 아버지가 혼자 치과에 갈 수 있도록 일시불로 결제해 드렸다.

부모님은 40년 넘은 오래된 다세대 주택에 살았다. 골목 안으로 들어오지 않으면 그 안에 집이 있다는 사실조차 모를 정도로 열악한 동네였다. 비가 오면 천장과 벽면에 물이 샜고 벽지는 온통 곰팡이로 덮여있었다. 집이 오래되니 시멘트가 삭아서 벽돌을 만지면 부서졌다. 집이 무너지지는 않을까 걱정이 될 정도였다. 부모님 댁에 갈 때마다 "어머니, 제가 돈 많이 벌면 곰팡이 없는 집 사드릴게요."라고 말했다. 그러나, 내 집도 없는 형편에 부모님 집을 사드리는 건 꿈에서나 가능한 이야기였다. 그랬던 내가 돈을 벌고, 부모님을 지하철 바로 옆에 있는 신축 빌라로 이사시켜 드렸다. 꿈만 꿨던 이야기가 돈 덕분에 현실이 된 것이다.

장인어른 칠순 잔치 때는 장인, 장모님을 모시고 제주도로 여행을 갔다. 그리고 맛있는 것을 먹으며 좋은 시간을 보냈다. 이 모든 것이 수입이 늘고 돈을 벌어서 가능하게 된 일이다. 매달 부모님 생활비, 병원비, 약값을 내고 필요한 것이 있으면 내가 대신 사드리고 있다. 돈이 없을 땐 마음만 있지 해줄 수 있는 것이 없었다. 돈을 벌어서 제일 좋은 점은 내가 무엇인가를 하는 것보다, 나 덕분에 주위 사람들의 삶이 조금 더 나아지고 그들이 행복해하는 모습을 직접 목도하는 것이다.

둘째, 가격표를 보지 않게 되었다.

경제적 자유를 이룬 사람들에게 돈이 많아 좋은 점이 뭐냐고 물어보면 대부분, 음식을 사 먹을 때 가격을 안 볼 수 있다는 걸 언급한다. 나도 언젠가부터 외식을 할 때 가격을 보지 않게 됐다. 예전에는 외식으로 돈 쓰는 것이 제일 아까웠다. 결혼하고 6년 동안 우리 돈을 내고 아내와 소고기를 먹은 적은 한 번도 없었다. 특별한 기념일에는 1인당 최대 3만 원 정도 하는 식당에 가는 것이 최고의 사치였다. 평소에는 맛보다, 양 많고 저렴한 음식을 먹었다. 특히 빵집에 가면 빵 고르는 것이 너무 무서웠다. 치즈와 소시지가 들어 있는 빵을 사 먹고 싶었지만, 너무 비싸 도저히 살 엄두가 나지 않았다. 그리고 이것저것 구경만 하다가 제일 싼 팥빵을 사곤 했다.

돈이 없으니 가격에 민감할 수밖에 없었다. 몇천 원, 아니 몇

백 원이라도 아끼기 위해 20~30분을 썼다. 마트에 가면 휴대폰을 꺼내 들고 인터넷 가격과 비교했고, 1+1이 저렴한지 2+1이 저렴한지 물건 앞에서 계산기를 두드렸다. 그렇게라도 해야 내가 합리적인 소비자가 되는 것 같았고, 돈을 아끼고 있는 것 같았다.

지금은 가격을 비교하느라 내 소중한 시간을 쓰지 않는다. 회원가입 시 무료 쿠폰 3,000원을 준다고 해도 쓸데없는 사이트에 가입하지 않는다. 합리적인 소비 명목으로 물건 앞에서 인터넷과 가격을 비교하지도 않는다.

셋째, 누구를 만나도 부담이 없다.

돈 없던 시절은 사람을 만나는 자체가 부담이었다. 누군가를 만나면 식사를 하거나 커피를 마신다. 그러면 돈을 써야 한다. 하지만 난 돈이 없었다. 그래서 사람을 만나러 가는 길에 "오늘 누가 계산할까? 어떻게 빠져나갈까? 1/N을 하자고 하면 무슨 말을 할까?" 같이, 계산할 때의 상황을 시뮬레이션하는 게 습관이 되어 있었다. 다른 사람이 밥을 사면 예의상 내가 커피를 사야 한다. 커피를 살 때도 주위에 어느 카페가 저렴한지 계속 검색했다. 월급 받는 직장인이었지만 마음의 여유가 없었다. 한 번쯤 시원하게 계산할 만도 한데, 그 돈조차 아깝게 여겨졌다. 계산할 때 눈치를 보고 화장실에 가 있거나, 계산대 앞에서 휴대폰을 보며 딴짓을 하는 게 일상이 되었다. 그럴 때마다 나 스스로가 부끄러웠다. 하지만 딱 1분만 부끄러우면 돈을 아낄 수 있다고 생각하며 매번 그렇게 얻어먹고 다녔다.

그러나 돈을 번 뒤, 정말 많이 달라졌다. 식사 도중에 잠시 화장실 가는 척을 하고 먼저 계산한다. 누가 계산할지 고민하지 않는다. 어떤 식당에서 어떤 메뉴를 먹든, 얼마가 나올지 생각하지 않고 그 사람과의 시간을 온전히 즐길 수 있게 되었다. 밥값을 내는 건 수입이 늘어서 내는 것도 있지만 그것보다 마음의 여유가 생긴 게 더 크다.

넷째, 선택의 폭이 넓어진다.
돈이 있으면 물건을 사는 것뿐만 아니라 경험도 살 수 있다. 예를 들어 여행 경비가 100만 원 있는 사람과 2,000만 원 있는 사람은 선택의 폭이 다르다. 100만 원 있는 사람은 국내 1박2일 여행을 계획하며 가성비 좋은 숙소를 알아봐야 한다. 반면 여행 경비가 2,000만 원 있는 사람은 국내가 아닌 해외에 갈 수도 있고, 풀빌라에 지낼 수도 있다. 현지에서 체험할 수 있는 다양한 활동들도 즐길 수 있다.

돈이 많고 적음에 따라 선택할 수 있는 가짓수가 달라진다. 그건 여행뿐만 아니라 집을 구할 때, 음식을 먹을 때, 무언가를 배울 때, 물건을 살 때, 선물을 줄 때도 해당 되는 얘기다.

이처럼 돈을 많이 벌면 분명 좋은 점이 많다. 수입이 늘어난 만큼 반드시 더 행복해지는 건 아니지만, 적당한 부는, 많은 걸 누리며 행복하게 살 수 있는 상황들을 많이 만들어준다.

 100만 원 상당의
무료 혜택 증정
QR코드

1. 난 돈이 없어도 행복한 사람인가?

   아니면 돈이 있어야 행복한 사람인가?

2. 만약 로또에 당첨 돼서 30억 원을 받게 된다면

   어디에 사용할 것 같은가?

3. 인생의 마지막에 나는 어디서, 어떤 모습으로 죽어갈 것 같은가?

4. 돈 때문에 vs 돈 덕분에

  나는 어떤 말을 주로 하는 사람인가?

5. 주위에 돈이 없어도 행복해 보이는 사람을 본 적이 있는가?

  있다면 그 사람이 행복할 수 있는 이유는 무엇이라고 생각하는가?

6

부자가 되기 힘든
결정적인 이유 5가지

유튜브를 하면 구독자로부터 많은 메일을 받는다. 메일을 보내는 사람들은 몇 가지 공통점이 있다. 첫 번째는 간절하니 한 번만 도와달라는 것이다. 뭘 도와달라는 말도 없이 그냥 도와달라고 한다. 두 번째는 사기를 당해서 빨리 돈을 벌어야 하니 돈 버는 방법을 알려달라고 한다. 세 번째는 계좌번호를 보내놓고, 나중에 상황이 좋아지면 갚겠다며 우선 돈을 빌려달라고 한다.

정말 간절하다고, 꼭 돈을 벌어야 한다고 말하지만, 과연 그들은 진짜 간절한 것일까? 나는 그렇게 생각하지 않는다. 정말 간절하다면 메일만 딸랑 보내지 않았을 것이다. 간절하다면 그에 따른 행동이 따라야 한다. 간절한 것을 말 한마디로, 메일 한 통으로 표현하기에는 너무 가볍다.

간절하게 돈을 벌고 싶다면 최소한 본인이 어떤 사람이고, 어떤 능력이 있고, 어디까지 해봤는지 말해줘야 한다. 예를 들어, '하루에 3시간씩, 6개월 동안 스마트스토어에 상품을 1,000개 이상 올렸는데 주문이 없다. 어떻게 하면 될지 조언 좀 해달라.' 혹은 '유튜브에 영상을 300개 이상 올렸는데 구독자가 늘지 않는다. 내 영상을 보고 뭐가 문제인지 알려달라.'라는 식으로 구체적으로 물어봐야 하는데 아무도 그렇게 메일을 보내지 않는다. 그냥 단순히 간절하다고, 살려달라고 한다. 행동은 어렵지만, 말은 쉽다. 내가 사람의 눈물을 믿지 않는 이유기도 하다. 울어서 모든 게 해결된다면 기꺼이 백 번이고 천 번이고 울겠지만, 그렇지 않기에, 정말 간절하다면 주저앉아 우는 시간조차 아까워해야 한다.

사람들은 간절하다는 이유만으로 무언가를 쉽게 얻으려고 한다. 하지만, 돈, 경험, 가치 있는 정보는 쉽게 얻을 수 있는 것이 아니다. 간절하지 않은 사람은 없다. 메일 한 통으로 내가 5년 동안 경험한 쇼핑몰 노하우를 다 얻을 수 있다면 누가 노력해서 돈을 벌려고 할까? 내가 쇼핑몰과 유튜브 시장에서 살아남기 위해 얼마나 많은 시간을 쏟았는지 대부분은 모른다. 간절하다면 스스로 할 수 있는 최대치를 해야 한다. 누구나 인정할 만한 노력을 기울

여야 한다. 그렇게 매 순간 살다 보면 그 사람의 열정과 노력을 보고 도와주고 싶은 마음이 들 수밖에 없다. 그 정도는 해야 간절하다는 말을 쓸 수 있다.

나이키가 'JUST DO IT' 광고에 수백억 원을 쏟은 이유

내 유튜브에서 조회수가 150만 회 넘게 나온 히트 영상이 있다. 제목은 "어차피 알려줘도 아무도 안해요."다. 노하우를 알려주면 사람들은 의심부터 한다. "노하우를 왜 알려줘? 절대 저 방법으로 돈 벌 수 없어."라고 말한다. 정작 해보지도 않고 그냥 안 된다고 말한다. 그래서 하는 방법을 알려줘도 99%의 사람들은 안 한다. 유튜브, 인스타, 블로그, 쇼핑몰로 돈 버는 방법을 알려줘도 시도조차 하지 않는다. 그들은 안 해야 하는 이유를 정해놓고 그걸 합리화한다.

누구나 처음이 있다. 100만 유튜버, 100만 팔로워를 보유한 인플루언서도 처음에는 0부터 시작했다. 일단 시작이라도 해야 결과가 있다. 사람마다 결실을 맺는 속도의 차이는 있겠지만, 포기하지 않고 하면 결국은 된다. 일단 하다 보면 실력이 쌓이고 실력이 쌓이면 방법이 보이는 법이다.

나이키 광고 중에서 사람들의 뇌리에 가장 강하게 각인된 문구가 있다. "JUST DO IT" 바로, 그냥 해! 라는 뜻이다. 그냥 하면 되는데 사람들은 바로 하지 않는다. 그리고 나에게 이런 질문을 한다. "지금하면 늦은 거 아닌가요?" "시작하고 싶은데 주의할 점은 없나요?" "하루에 몇 시간 정도하면 월 100만 원 벌 수 있나요?" 하면 다 알게 되는 것들인데 하기 전에 질문만 잔뜩 하고, 정작 시작은 하지 않는다. 죽이 되든 밥이 되든 직접 몸으로 부딪혀서 배워야 한다. 그렇게 얻은 경험만이 온전히 내 것이 된다. 그리고 이게 나중에 내 요긴한 밥벌이 수단이 될 수 있다. 물어보지 말고, 고민하지 말고 일단 해보라는 말이다. 욕하고 비난한다고 얻는 건 아무것도 없다.

2020년 1월, 쇼핑몰을 시작할지 말지 고민하다 아내에게 물어본 적이 있다. 아내는 내가 사진도 못 찍고 컴퓨터도 못하는데 무슨 쇼핑몰을 하냐고, 쓸데없는 짓 하지 말고 직장생활이나 제대로 하라고 했다. 2021년, 유튜브를 시작할 때도 아내에게 물어봤다. 아내는 내게 내세울 것도 없으면서 무슨 유튜브를 하냐고, 얼굴 팔아서 좋을 거 없다면서 하지 말라고 했다. 그때 내가 만약 아내 말을 듣고 쇼핑몰과 유튜브를 하지 않았다면 지금의 나는 없었을 것이다.

주위 사람들에게 새로운 일을 시작할지 말지 물어보면 대부분 부정적인 반응을 보인다. 사람들은 내가 어떤 일을 해서 잘되는 걸 바라지 않고 현실에 머물러 있길 원한다. 그러나 그런 사람들의 말에 하등 휘둘릴 필요가 없다. 시작할지 말지 내가 결정하고, 그 결정을 옳게 만들면 된다.

"시간이 없다." "너무 바쁘다." 이런 말을 입에 달고 사는 사람들이 있다. 그런데 이런 말을 하는 사람치고, 진짜 바쁘고 시간 관리를 잘하는 사람은 거의 없다. 보통 직장인은 퇴근하고 집에 오면 저녁 7~8시쯤 된다. 그때부터 잠들기 전까지 3시간 정도의 자유시간이 있다. 뭘 해도 할 수 있는 시간이다. 하지만 피곤하다는 이유로, 귀찮다는 이유로 침대에 누워 TV나 유튜브를 본다. 하루 동안 수고했다는 의미로, 야식으로 치킨을 시키고 맥주를 마신다. 그렇게 오늘의 나에게 주어진, 소중한 시간과 돈을 낭비했기 때문에, 앞으로 회사에서 일해야 하는 시간이 더 늘어난다는 사실조차 모른다.

돈을 벌고 싶다면 시간 관리는 필수적이다. 돈을 버는 행위는 무언가를 생산하고, 내가 생산한 결과물을 필요로 하는 사람과 돈으로 교환하는 것이다. 무조건 소비자가 아닌, 생산자의 삶을 살아야 한다. 눈에 보이는 재화를 팔든가, 아니면 글이나 영상으로 서비스를 제공하든가. 무엇이 됐든 남들에게 줄 것이 있어야 한다. 그렇지 않고서는 돈을 벌 수 없다.

시간이 남아돈다고 말하는 사람은 없다. 핑계 없는 무덤도 없다. 다들 자기들만의 바쁜 이유가 있다. 그래서 우선순위가 필요하다. 만약 돈을 벌고 싶다면 가장 먼저 해야 할 일은 시간확보다. 중요한 것을 위해 덜 중요한 것은 포기해야 한다. 친구를 만나고 싶어도, 넷플릭스를 보고 싶어도 참아야 한다. 평생 참아야 하는 것이 아니라 일정 기간 동안은 몰입해서 유의미한 결과물을 만들어야 한다.

우리 모두의 하루는 24시간이다. 대기업 회장이든, 편의점 알바생이든, 집 없는 노숙자든 누구에게나 동일한 24시간이 주어진다. 하지만 어떻게 시간을 보냈느냐에 따라 결과는 완전히 달라진다. 지금의 내 모습은 과거에 내가 만든 결과물이고, 미래의 내 모습은 현재 내가 만든 결과물이다. 돈 때문에 스트레스 받는 삶을 졸업하고 싶다면 우선순위를 정해 더 생산적인 일에 시간을

쏟아야 한다. 그렇지 않으면, 중요하지 않은 것을 위해 중요한 시간과 돈을 쓰며 살 수밖에 없다.

똑같은 월급을 받는다고 같은 월급쟁이가 아니다. 회사를 다니면서 부동산이나 주식 공부를 한 사람과, 그냥 월급만 받는 사람은 5년 후, 10년 후 몰라보게 달라질 수밖에 없다.

시간 앞에서 변명은 통하지 않는다.

출근해서 시간만 때우는 직장인의 최후

난 직장생활 10년 차에 퇴사했다. 중소기업 3년, 외국계 회사 7년. 회사의 조직문화에 대해서는 잘 알고 있다. 직장인들의 생각은 대개 비슷하다. 매년 급여가 좀 많이 올랐으면, 올해는 노는 날이 많았으면, 연말에 보너스 좀 두둑하게 나왔으면, 진급 좀 빨리 됐으면, 이런 생각을 하며 회사를 다닌다. 일을 좀 많이 시키면 입이 튀어나오고, 동료들에게 짜증 난다고 욕을 하며, 회식 때는 안주 씹듯이 회사와 상사 욕을 한다. 그렇게 하루하루 버티며 월급만 바라보고 산다.

난 담배를 피우지 않지만, 회사 동료들이 대부분 흡연자라 자주 밖에 나가 같이 이야기를 하곤 했다. 그들의 대화는 매일 비슷하다. 주식, 부동산, 코인과 같은 재테크 이야기 또는 회사, 상사, 팀 욕이다. 그렇게 욕을 하면서 절대 퇴사는 하지 않는다. 퇴사하지 않는 이유는 단 하나다. 1달만 버티면 꼬박꼬박 월급이 나오기 때문이다. 월급 중독은 강력하다. 거의 마약 수준이다. 매달, 매년 월급을 받으면 월급 없는 삶은 상상하기 힘들어진다. 월급 없이는 한 달도 살 수 없다. 결국 시간은 흐르고 나이가 들면서 월급만 축내는 그런 사람이 된다.

나이가 들수록 불안해진다. 자녀가 대학교에 가기 전에 회사에서 잘리면 어떻게 될까 걱정한다. 월급 외에 수입이 없으니, 월급만 바라보며 직장에서 버틴다. 젊을 때부터 노후 준비를 해야한다는 건 알고 있지만 월급만으로는 역부족이다. 모아놓은 돈도 없는데 자녀가 결혼이라도 하면 그나마 모아놓은 돈까지 다 뺏긴다. 노후 준비는 하나도 안된 채, 직장에서 잘리면 그때부터 비참한 삶을 맞이하게 된다.

재테크 없이 단순히 월급만 받아서 노후 준비를 제대로 할 수 있을까? 월급에서 생활비를 쓰고, 자녀들의 교육비에 집 대출금까지 갚으면 한 달에 50만 원 저축하는 것도 빠듯하다. 결국 월급만으로는 답이 없다는 뜻이다. 현실을 직시해야 한다.

직장은 언젠가 헤어질 곳이다. 거기에 내 청춘과 젊음을 다 바쳐도 사장이 아닌 이상 나올 수밖에 없다. 지금이야 직급도 있고 월급도 나와서 문제가 없지만 시간은 흐른다. 내가 준비되어 있지 않고, 본인만의 무기가 없으면 결국 도태되고, 돈을 벌기 힘들어지는 시간이 온다.

가난한 사람은 사기도 잘 당한다

유튜브를 하면 구독자에게 자주 메일을 받는다. 메일을 보내는 대다수는 사기를 당해 빨리 돈을 벌고 싶다는 내용이다. 생각보다 사기를 당하는 사람이 많다. 특히 경제적으로 힘든 사람일수록 사기를 더 잘 당한다.

사기꾼은 돈 냄새를 잘 맡는다. 돈 냄새는 돈에 대한 욕심이 크면 클수록 강하게 난다. '빨리 돈 많이 벌고 싶어요'라고 말하는 순간, 아니 생각하는 순간 사기꾼의 먹잇감이 된다. 나에게 접근한 사람이 사기꾼인지 아닌지 구별하는 간단한 방법이 있다.

월 1% 이상의 수익을 주는 건 99% 사기라고 보면 된다. 1년에 12% 이자를 안정적으로 주는 투자처가 있다면 은행에서 대출을 받아 투자하면 되겠지만 사실, 그런 곳은 없다. 국내의 대형 은행들은 1년 수익률 6~8% 되는 곳을 찾고 있다. 만약 연 12%의 안정적인 이자를 준다면 은행에서 몇천억 원은 투자할 것이다. 이렇게 좋은 금융상품을 우리 같은 평범한 사람에게 소개한다면, 무조건 의심부터 해야 한다. S&P 500도 연 평균 수익률이 7~10%인데, 듣도 보도 못한 지인이 연 12%를 준다면 그냥 걸러도 된다.

물론 사람들은 바보가 아니다. 처음에는 절대 안 믿는다. 본인만큼은 사기를 당하지 않을 거라 생각한다. 그럼, 사기꾼은 어떤 과정을 통해 신뢰를 주고 결정적인 순간에 사기를 칠까?

사기꾼은 고객의 돈을 갈취하기 위해 사전 작업을 한다. 그들만의 사기를 잘 치는 나름의 방법이 있다. 일단 저렴한 상품에 가입시키고 그걸로 월 이자를 지급해준다. 예를 들어 원금 1,000만 원을 투자하면 월 2%인 20만 원을 배당이나 이자 명목으로 준다. 6개월 정도 매달 받으면 괜찮다고 생각한다. 매달 20만 원씩, 6개월 동안 120만 원을 받으면 엄청나게 좋은 투자처를 발견한 것 같은 기분이 든다. 이때쯤 사기꾼은 다음 단계로 간다. 이번에 새로 나온 금융상품은 기존보다 더 좋아 수익률이 월 3%, 연 36%

를 지급해 준다고 한다. 6개월 정도 이자를 받았기 때문에 크게 의심하지 않는다. 이미 월 2%의 맛을 봤기에, 처음보다 조금 더 큰 돈인 2,000만 원을 투자한다. 첫 투자로 월 20만 원, 두 번째 투자로 월 60만 원을 받는다. 처음에는 이자가 매달 잘 들어올까 불안하고 조마조마하다. 하루라도 이자가 늦어지면 지인에게 말하려고 하는데 하루도 지체된 적 없이 잘 들어온다. 그렇게 6개월 정도 이자를 받는다. 이제 사기꾼은 한탕을 하기 위한 마지막 작업에 들어간다. 이번에는 정말 좋은 상품이 나왔는데 선착순 100명에게만 주는 혜택이라고 한다. 월 10%, 연 120% 상품이다. 빨리 계약하지 않으면 기회가 없을 것 같다고 말한다. 월 10%면 1,000만 원만 넣어도 월 100만 원, 10개월만 버티면 원금을 다 받게 된다. 1년 동안 이자를 잘 받아 왔지만 고민이 된다.

그러나 이윽고 결심한다. 은행 대출을 받아도 연 5~6% 이자만 내면 되는데 여기는 연 120%라 생각하니 무조건 대출을 받아서 투자하는 것이 이득이라고 생각하는 것이다. 그리고 은행에서 5,000만 원 대출을 받는다. 한 달에 500만 원씩 이자를 받을 생각을 하니 심장이 벌렁거린다. 사기는 아닐까 걱정도 되긴 하지만 이미 1년 넘게 이자를 받았기 때문에 한 번 더 믿어보기로 한다. 5,000만 원을 투자하고 이자가 들어오기로 한 날 이자가 들어오지 않는다. 불안한 마음에 투자를 소개해 준 사람에게 연락을 하니 전화를 받지 않는다. 결국 이자 몇 푼 벌자고 원금 8,000만 원을 날리게 된다.

이렇게 사기를 당한다. 특히 우리 나라에는 폰지 사기가 많다. 신규 가입자의 돈으로 기존 가입자의 돈을 막는 방법이다. 쉽고 빨리 돈을 벌고, 고수익을 얻으려고 하면 예외 없이 사기꾼의 덫에 걸린다. 월 1% 이상의 이자를 주는 투자만 히지 않아도 사기를 미연에 방지할 수 있다.

100만 원 상당의
무료 혜택 증정
QR코드

1. 내 하루를 시간관리로 점수를 매긴다면 몇 점 정도 되는가?

2. 사기 당한 경험이 있는가?

   있다면 그때 왜 사기를 당했다고 생각하는가?

3. 나는 몇 살까지 직장을 다닐 수 있을 것 같은가?

   (자영업자라면, 언제까지 가게를 운영할 수 있을 것 같은가?)

   그 이후 어떤 삶을 계획하고 있는가?

4. 노후를 생각할 때 가장 큰 리스크가 무엇이라고 생각되는가?

5. 내 인생에서 가장 간절했을 때는 언제인가?

평범한 당신이
돈을 더 벌 수 있는
구체적인 방법

팔이피플

무언가를 팔지 않고
돈을 버는 사람은 아무도 없다

무엇인가를 파는 사람을 팔이피플이라고 한다. 강의를 팔면 강의 팔이, 차를 팔면 차팔이, 휴대폰을 팔면 폰팔이, 보험을 팔면 보험 팔이라고 부른다. 파는 행위 자체를 비하하는 말로 '팔이'라는 별명을 붙인다. 직장인은 시간을 팔아 돈을 벌고, 카페를 운영하는 사람은 커피를 팔아 돈을 번다. 무언가를 팔지 않고 돈을 버는 사람은 아무도 없다.

　나는 온라인에서 상품과 강의를 판다. 간혹 유튜브에 '강의 팔이'라는 댓글이 달린다. 내가 지금까지 경험한 쇼핑몰 운영 노하우를 정당한 대가를 받고 파는 게 잘못된 일일까? 메가스터디 1타 강사는 예비 수험생에게 수학, 과학, 국어를 알려주고 1년에 수백억 원을 받는다. 가수는 자신의 노래를 팔아 돈을 벌고, 연기자는 연기를 통해 돈을 번다. 본인이 가지고 있는 능력을 팔아 돈을 버는 건 나쁜 일도, 부끄러운 일도 아니다. 자본주의에서 당연한 일이다.

사람들이 선택할 만한 좋은 강의를 만드는 것이 생각만큼 쉽지 않다. 수많은 콘텐츠 사이에서 소비자 눈에 띄어야 하고, 그들의 마음을 움직여 결제까지 하게 만들려면 마케팅과 심리를 잘 알아야 한다. 팔이피플을 욕하는 사람치고 그 정도 노력을 기울여본 사람은 거의 없을 것이다. 물론 일부 강사들 중, 욕먹을 만큼 낮은 퀄리티의 강의를 하는 경우도 있다. 하지만 그건 그 강사의 문제이지, 강의를 파는 것 자체가 문제가 되는 건 아니다.

쇼핑몰 강의를 하다 보면 일부 수강생들이, 마진을 많이 붙여 파는 게 부도덕한 것 같다며, 그렇게까지 돈을 벌고 싶지 않다고 말하는 경우가 있다. 좀 더 고상하게 돈을 벌고 싶다는 뜻이다. 그렇다면, 아이스크림 가게, 편의점, 빵집을 운영하는 자영업자들은 모두 고객의 눈통이를 쳐서 부도덕하게 돈을 버는 사람일까? 아니다. 그들은 유통 과정에 따라 도매로 공급받아 소매로 판다. 정상적인 유통과정에 따라 소비자에게 필요한 재화를 공급하고 돈을 버는 방식이라 아무 문제가 없다. 세상에 마진 없는 상품이 어디 있겠는가?

쿠팡은, 2,200만 명 이상이 사용하는 대한민국 NO.1 쇼핑 플랫폼이다. 나도 쿠팡에 물건을 파는 판매자라 제품 원가가 얼마인지 안다. 쿠팡에서 판매하는 건강식품 원가는 보통 3,000~4,000원이다.

하지만 소비자가 쿠팡에서 구매하는 가격은 10,000~30,000원까지 다양하다. 누군가가 볼 때는 엄청난 폭리를 취하는 것 같지만, 소비자 가격에는 많은 것들이 포함되어 있다. 제조 원가, 쿠팡 판매 수수료, 사무실 운영비, 직원 인건비, 관리비, 포장비, 배송비, 광고비, 마케팅비, 판매자 마진 등이 있어 당연히 비쌀 수밖에 없다. 그리고, 엄청난 폭리를 취하면 소비자가 외면하고, 너무 싸게 팔면 돈을 벌지 못해 사업을 지속할 수 없게 된다.

난 온라인에서 쇼핑몰로 돈 버는 강의를 만들었다. 아무것도 모르는 사람이 이 시장에 들어와 하나씩 배우고 실천할 수 있도록 수업 과정을 짰다. 간혹, 쇼핑몰을 잘 운영하는 셀러도 내 강의를 듣는다. 그런 사람에게 내 강의는 너무 쉬울 수밖에 없다. 이미 2~3년 쇼핑몰 경험이 있는 사람이, 초보자를 위한 강의를 듣고 배울 것이 아무것도 없다고 욕하곤 한다. 이유식은 유아가 먹는 음식인데, 어른이 이유식을 먹고 맛없다고 욕하는 것과 비슷하다.

기본강의라고 설명했음에도 불구하고 호기심에 결제하고 욕을
한다.

온라인에서 돈을 벌면서 느낀 점이 있다. 바로, 돈 버는 금액
에 비례해 욕먹는 횟수도 늘어난다는 것이다. 직장을 다닐 때 나
를 욕할 사람은 상사 또는 사장밖에 없었다. 하지만 유튜브를 하
고 강의를 하면서 구독자와 수강생들에게 욕먹는 일들이 늘어났
다. 모든 사람에게 좋은 사람이 되기는 힘들다. 왜냐면 사람마다
생각이 다르기 때문이다. 돈을 벌려면 용기가 필요하다. 바로 기
꺼이 욕먹을 용기.

'팔이피플'이 되어 돈을 벌 수 있는 방법은 아래처럼 여러 가
지가 있다.

온라인 쇼핑몰

아무 것도 없는 당신이
부를 축적할 수 있는 가장 좋은 수단

누구나 할 수 있는 부업이다. 아직 쇼핑몰을 하지 않는 사람에게 쇼핑몰은 대단한 일처럼 보일 수 있지만, 누구나 마음만 먹으면 하루 만에 온라인에서 내 상점을 만들 수 있다. 스마트스토어, 쿠팡, 옥션, G마켓, 11번가와 같은 플랫폼에 상품을 등록하고 주문이 들어오면 판매해서 돈을 버는 방식이다. 어렵거나 돈이 드는 것도 아닌데 사람들은 시작하길 두려워한다.

하지만 오프라인과 비교해보자. 오프라인 매장을 하나 차리려면 보증금, 월세, 권리금, 인테리어비, 집기류 등 최소 5,000만 원 이상이 든다. 투자금이 크다고 잘 된다는 보장도 없다. 오프라인 매장을 차리는 순간 거기에 얽매이게 된다. 장사가 잘되면 잘 되는대로 몸이 힘들고 안 되면 안 되는대로 돈을 못 벌어서 힘들다.

반면, 온라인 쇼핑몰은 무재고, 무자본 창업이 가능하다. 고정비도 없다. 온라인에 상점을 열고 상품을 진열해서 팔면 된다. 만에 하나 판매가 잘 안돼도 잃을 것이 없다. 시간만 들이면 돈 없이 할 수 있는 최고의 사업이다. 사업자등록증 발급부터 통신판매업 신고, 스마트스토어 입점까지 2~3일이면 충분하다.

우리나라 인구가 약 5,000만 명이라고 하면 쇼핑몰에 입점해 상품을 판매하는 사람은 50만 명밖에 안 된다. 쇼핑몰에 입점하는 순간, 대한민국 상위 1% 범주에 들게 된다. 평범한 사람이 한순간에 상위 1% 안에 들 수 있다면, 또 평생 소비자로 살다가 생산자로 역할이 바뀐다면 해볼 만한 일 아닐까? 50만 명의 판매자가 5,000만 명의 소비자에게 상품을 팔아 돈을 벌고 있다. 이렇게 확실한 수요가 있는 시장에 들어가야 돈을 벌 수 있다.

돈을 많이 벌고 싶다면 그만큼 돈을 벌 수 있는 일을 해야 한다. 본인이 가진 직업이 수입 측면에서, 열심히 한 만큼 보상을 받을 수 있다면 승부를 걸어도 된다. 하지만 대부분의 직장인은 아무리 열심히 일해도 월급이라는 숫자에 막혀 있다. 연봉의 10~20%는 더 받을지 몰라도, 연봉의 2~3배를 받는 건 거의 불가능하다.

만약 내가 0으로 다시 돌아간다면, 온라인 쇼핑몰을 제일 먼저 시작할 것이다. 어느 정도 매출을 만들고 그 과정에서 알게 된 경험들을 유튜브, 인스타, 블로그에 올리면서 내 팬을 만들 것이다. 그리고 강의와 전자책을 판매해 파이프라인을 다양하게 만들어 돈을 모으고 투자를 하면서 부를 축적할 것이다.

인스타그램

스스로를 브랜딩할 수 있는
가장 좋은 방법

요즘 MZ 세대가 돈 버는 걸 보면 놀랍다. 20대 중반임에도 불구하고 오픈카를 타고 시그니엘에 사는 사진을 종종 올린다. 더러 사기 치는 사람도 있지만, 그들이 그렇게까지 젊은 나이에 큰돈을 벌 수 있었던 이유는 SNS를 잘 활용한 덕분이다. 그들은 사진이나 영상을 올려 좋아요를 받으며 관심 분야가 비슷한 사람을 모은다.

그리고 자신이 팔고 싶은 제품이나 서비스를 소개해 돈을 번다. 화장품을 파는 인플루언서는 하루 동안 공동구매나 라이브 방송으로 적게는 수십만 원에서 많게는 수천만 원을 번다. 또 강의를 하는 강사들은 인스타그램으로 수천 명을 모아 무료강의를 진행

인스타그램 앱 월간 사용자 추이
(앱 분석 서비스 와이즈앱)

한국인 Android+IOS 사용자 추청(만 명)

역대 최대
2,167

1,498 1,488 1,478 1,576 1,661 1,772 1,829 1,869 1,906 1,937 2,028 2,096

20년 4월 | 20년 7월 | 20년 10월 | 21년 1월 | 21년 4월 | 21년 7월 | 21년 10월 | 22년 1월 | 22년 4월 | 22년 7월 | 22년 10월 | 23년 1월 | 23년 4월

하고, 이후 유료 강의를 소개해 하루 만에 수천만 원에서 수억 원을 번다.

그렇다면 이렇게 전환율이 좋은 인스타그램, 과연 관리하는데 얼마나 들까? 놀랍게도 인스타그램을 만들고 운영하는 데는 돈이 들지 않는다. 휴대폰으로 사진이나 영상을 찍어서 올리면 끝이다. 글을 잘 못 써도, 편집을 잘 못해도, 외모가 뛰어나지 않아도 할 수 있다. 지인 중 부동산 인플루언서가 있다. 직장을 다니고 있어 얼굴노출을 할 수 없었다. 하지만 얼굴노출 없이 부업으로 시작한 인스타그램으로 1년 만에 팔로워 5만 명을 만들었다. 그리고 그는 인스타그램으로 월 수익 800만 원을 벌고 있다.

인스타는 가상의 세계이기 때문에 진짜 나를 보여줄 필요가 없다. 남들이 원하는, 좋아하는 모습으로 활동할 수 있다. 컨셉을 잘 잡고 콘텐츠만 좋으면 나를 좋아해주는 사람이 생긴다. 그런 사람들이 내 잠재고객이 된다. SNS를 취미로 하는 사람은 돈을 벌기 힘들다. 인스타그램에서 돈을 벌기 위해서는, 철저하게 나를 그 안에서 매력적인 사람으로 보이게 만들어 사람들의 관심을 받고 그걸 통해 돈을 벌어야 한다.

늦었다고 안 하면 그걸로 끝이다. 남들보다 늦게 시작하더라도 제대로, 꾸준히 한다면 후발주자임에도 불구하고 월급 정도의 돈은 충분히 인스타그램을 통해 벌 수 있다.

전자책

마진율 100%의 무형 상품

책을 쓴다는 건 대단한 일처럼 보인다. 누구나 인정할 만한 성과를 이루거나, 혹은 글을 잘 써야지 작가가 될 수 있다고 생각한다. 하지만 전자책은 종이책과 다르다. 내가 하고 싶은 이야기를 글로 쓰고 PDF로 만들어서 팔면 된다. 출판사에 제안서를 낼 필요도, 편집자에게 교정을 맡길 필요도 없다. 블로그에 포스팅하듯 정보를 요약해서 필요한 사람에게 돈을 주고 판매하면 그걸로 끝이다. 컴퓨터만 있으면 언제 어디서든 쓰고 판매할 수 있는 것이 전자책의 가장 큰 장점이다.

전자책을 쓰라고 하면 어떤 주제로 써야 할지 모른다. 하지만 찾아보면 주제가 굉장히 많다. 예를 들면 주식, 코인, 애드센스, 부업, 유튜브, 쇼츠, 쿠팡파트너스, 공구, 라이브, 제휴마케팅, 합격하는 자소서, 취업 및 면접 답변, PPT 템플릿, 영업면접, 세무사 시험 노하우, 인스타 공구리스트, 맘카페 리스트 등이 있다.

너무 쓸 거리가 없다면 인터넷에 돌아다니는 정보를 취합하고 요약해도 된다. 가령 구글에 도매사이트를 검색하면 수백 개가 나온다. 여기서 신발 도매 사이트, 가방 도매 사이트, 우산 도매 사이트 등 카테고리별 도매사이트를 엑셀로 정리해 필요한 사람에게 팔아도 된다. 이 외에도 양질의 정보를 요약만 할 수 있다면 전자책으로 한 달에 적게는 몇십만 원에서 몇백만 원의 매출을 만들 수 있다. 종이책은 A4 기준으로 최소 80장 이상은 써야 하지만 전자책은 5~10페이지만 써도 된다.

사람들은 왜 전자책을 살까? 그 이유는 시간을 절약하기 위해서이다. 바쁜 현대인들은 200페이지가 넘는 종이책을 읽을 시간이 없다. 그래서 누군가가 짧게 요약해 놓은 걸 보고 싶어한다. 많은 비용을 내더라도, 시간을 중요하게 여기는 사람일수록 전자책을 선호한다. 블로그나 유튜브에도 많은 정보가 있지만 내용이 너무 방대해서 내게 필요한 핵심적인 내용을 찾아보기 쉽지 않다. 예전보다 전자책을 찾는 사람들이 더 많아졌기 때문에 수요는 튼튼하다.

전자책을 썼으면 또 누군가에게 팔아야 한다. 어디서 팔까? 본인이 SNS를 하고 있다면 팔로워나 구독자에게 팔 수 있지만 그렇지 않다면 크몽, 탈잉, 텀블벅, 와디즈 등 다양한 플랫폼을 활용할 수 있다. 이런 플랫폼이 오랫동안 살아남은 곳이기 때문에 기존 사용자들이 많다. 본인이 쓴 전자책에 대한 설명과 원하는 가격을 설정하고 기다리면 된다. 1만 원짜리 전자책을 하루에 3명에게만 팔아도 1달이면 90만 원의 부수입을 얻을 수 있다.

나도 2021년 11월, 처음으로 전자책을 썼다. 『빅파워셀러의 비밀노트: 스마트스토어 부업으로 월 300 버는 법』이라는 제목으로 스마트스토어를 통해 판매했다. 2주 만에 약 1억 4,000만 원 이상 판매됐다. 전자책은 마진율이 100%인 무형의 상품이라 매출이 곧 내 순수익이 된다. PDF로 만든 전자책을 주문한 고객에게 문자나 카톡으로 전달하면 된다. 뭐든 처음이 어렵다. 안 해본 사람은 어렵게 느껴질 수 있지만 한 번이라도 해본 사람은 전자책이 온라인으로 돈 버는 가장 단순하면서 쉬운 방법이라는 것을 알게 될 것이다.

유튜브

엄청난 영향력을 얻음으로써,
자연스레 몸값을 높이는 수단

평범한 사람을 특별한 사람으로 만들어 주는 곳이 바로 유튜브다. 단기간에 큰 영향력을 끼치기 위해서 유튜브는 필수다. 콘텐츠를 만들고 구독자를 모으는 데는 꽤 긴 시간이 걸린다. 하지만 일단 만들어 놓으면 돈을 벌 수 있는 방법이 정말 많다.

유튜브에 대한 오해가 몇 가지 있다. 우선 그 전에 질문 하나를 하겠다. 〈조회수 100만 회 VS 조회수 100회〉〈구독자 100만 명 VS 구독자 100명〉 어디가 돈을 더 많이 벌까? 상식적으로 조회수가 많이 나오거나 구독자가 많으면 돈을 많이 벌 것이라고 생각하지만 아니다. 유튜브 조회수는 결국 광고수익이다. 구글에서 광고

주에게 돈을 받고 그 광고를 시청자가 보면 그 수익만큼 나눠주는 방식이다. 즉, 광고를 시청하는 사람이 많을수록, 광고단가가 높을수록, 광고를 오랫동안 시청할수록 광고수익이 커진다.

더 쉽게 설명해보겠다. 예를 들어 먹방 유튜버가 라면 20개 먹는 걸 찍어서 조회수 100만 회가 나왔다. 이걸로 얻은 광고수익은 약 1,000만 원이라고 하자. 반면 리모델링하는 유튜버가 리모델링 공사하는 걸 브이로그로 찍어서 조회수가 100회 나왔다. 그걸 보고 리모델링을 하고 싶은 사람이 그 유튜버에게 연락해서 리모델링 공사 1억 원짜리를 맡겼다. 여기서 그럼, 먹방 유튜버와 리모델링하는 유튜버 중 누가 돈을 더 많이 번 걸까? 이렇게 단순히 구독자 수, 조회수, 광고수익 외에 숨겨진 수입이 있다.

유튜브를 하는 진짜 목적은 관심분야가 비슷한 시청자를 한 곳에 모아놓기 위함이다. 구글 광고수익보다 내 콘텐츠와 결이 맞는 구독자를 모으고, 그 사람들에게 내 상품이나 서비스를 판매하는 게 훨씬 더 큰 돈을 벌 수 있다.

난 유튜브를 2019년 10월 시작했다. 어떻게 하면 월급 이외의 수입을 만들 수 있을까 고민하던 중 지인에게 유튜브 광고 수익이 엄청나다는 이야기를 들었다. 그리고 무작정 유튜브를 시작했다. 삼각대도 없이 벽면에 휴대폰을 세워두고 촬영했다. 기획이나 컨셉 따위는 없었다. 아무 이야기나 막 했다. 그렇게 처음 업로드 한 영상은 조회수 100을 넘지 못했다.

이런 식으로 유튜브를 3번이나 말아먹고 2021년 10월 1일, 4번째 유튜브 채널을 만들었다. 초보자에게 쇼핑몰 하는 방법을 알려주는 컨셉으로 정했다. 그게 지금의 채널 〈돈버는형님들〉이다. 시청자 타깃을 정하고 영상을 찍으니 1달 만에 구독자 1만 5,000명이 모였다. 과거와 달리 빠른 속도로 구독자가 늘었다. 특정 영상은 조회수가 150만 회를 넘겼다. 그렇게 구독자가 계속 늘면서 1년 만에 10만 명을 달성하고 실버버튼을 받았다. 그리고 3년 동안 26만 명의 구독자를 만들었다.

전 세계 유튜브 수익 중 항상 손가락 안에 꼽히는 채널은 지미 도널드슨이 운영하는 〈MrBeast〉이다. 오징어게임 실사판 세트 장을 만들어 화제를 모았던 유튜버다. 2021년 유튜브로 약 641억 원을 벌었다고 한다. 한 달로 계산하면 78억 원 정도 된다. 개인이 노동 소득으로 한 달에 78억을 버는 건 불가능하지만 유튜브는 그걸 가능케 만들었다.

최근 유명 연예인이나 개그맨들도 유튜브 시장에 많이 뛰어들었다. 그들이 유튜브를 하는 목적은 다양하겠지만, 대부분은 돈이다. 광고 수익과 협찬으로 버는 돈은 일반인이 상상하기 힘들만큼 많다. 대외 활동을 줄이더라도 유튜브를 열심히 하는 이유가 여기에 있다.

유튜브를 보기만 할 때는 유튜버들이 대단한 사람인 줄 알았다. 외모가 잘생기고 말을 잘하고 영상 편집을 잘하는 사람만 유튜브를 할 수 있다고 생각했다. 하지만 막상 내가 해보니 유튜브는 처음부터 특별한 사람만 하는 것이 아니라, 유튜브를 하면서 그 사람이 특별해지는 것 같았다. 난 예전이나 지금이나 외모와 말투는 달라진 것이 없지만, 유튜브를 하고 사람들이 날 특별하게 보기 시작했다.

성인이라면 누구나 자신만의 이야기가 있다. 그걸 타인과 공유하면 된다. 유튜브를 하지 않는 사람은 영상 촬영과 편집이 어렵게 느껴질 수 있다. 하지만 1~2시간만 배우면 누구나 편집을 할 수 있게 도와주는 편집프로그램이 많다. 의지만 있으면 찾아서 배울 수 있다. 어떤 일이든 하고자 하면 길이 보인다.

누군가 내게 월 1,000만 원 버는 방법을 물어본다면

월 1,000만 원은 직장인에게 꿈의 돈이다. 전문 직종에 일하는 사람이 아닌 평범한 직장인이 월 1,000만 원을 버는 건 현실적으로 쉽지 않다. 하지만 내가 알려주는 방법대로 하면 회사에서 월급 1,000만 원을 받는 것보다 훨씬 높은 확률로 그 돈을 벌 수 있다고 믿는다. 물론 개인의 노력과 능력, 또 운에 따라 시간 차이는 있겠지만 충분히 달성할 수 있는 금액이라고 생각한다.

맨 먼저 해야 할 일은 관심 있는 분야를 유튜브에 검색하는 것이다. 사람마다 좋아하는 분야가 있다. 일단 어떤 방법으로 돈을 벌지 정해야 한다. 예를 들어 온라인 쇼핑몰, 인스타, 유튜브, 블로그, 워드프레스, 공동구매 등 어떤 분야도 괜찮다. 초기에는 가능한 자본금 없이 시작할 수 있는 온라인 사업이 좋다.

두 번째는 관심 있어 하는 주제에 맞는 유튜브 영상을 최소 30개 이상 시청하는 것이다. 그러면서 롤모델을 찾아야 한다. 내가 생각하는 좋은 롤모델의 기준은 아래와 같다. 첫째, 유튜버가 지금도 그 일을 지속하고 있는가? 둘째, 돈 버는 방법이 지금도 유효한가? 이 2가지를 만족한다면 그 유튜버의 유료 강의를 들어본다. 온, 오프라인 어떤 방식이든 무조건 돈을 내고 들어야 한다. 유튜브에 무료 영상이 많지만 유료와 무료는 다를 수밖에 없다. 돈으로 그 사람의 경험과 노하우를 사는 것이 시행착오를 줄이고 가장 빨리 배울 수 있는 방법이다. 뿐만 아니라 롤모델을 실제로 만날 수 있다면 금상첨화이다. 내가 성과를 내면 그 강사에게 좋은 사례가 될 수 있기 때문에 강사에게 많이 물어보면서 좋은 관계를 유지하는 것도 중요하다.

유료 강의를 듣고 강사가 시키는 대로 최소 6개월은 미친 듯이 해야 한다. 그 기간 동안은 모든 걸 포기해야 한다. 친구와의 만남, 넷플릭스나 유튜브 시청, 주식이나 코인거래, 술, 취미생활 등 지금 배우고 있는 일과 관련 없는 일은 멈춰야 한다. 최대한 몰입해서 단기간에 성과를 만들어야 한다. 빠른 시일 내에 성공 경험을 만들지 못하면 지속할 힘을 잃게 된다.

그리고, 강사가 알려준 방법대로 하나씩 실천하고 그 과정을 블로그나 SNS에 기록한다. 돈을 벌고 싶다면 무조건 기록하는 습관을 가져야 한다. 글을 쓸 때도 일기처럼 쓰면 안 된다. 이 일을 배우고 싶은 사람이 읽었을 때 도움이 될 만한 내용을 적어야 한다. 미래에 봤을 때, 과거의 나처럼 맨땅에 헤딩하지 않도록 이제 시작하는 초보자의 안내서가 될 수 있게끔 잘 정리해서 기록하는 것이 중요하다.

실력 있는 강사의 강의를 듣고 6개월 정도 꾸준히 했다면 어느 분야든 월 순익 100만 원 이상은 만들 수 있다. 그 분야에서 월 1,000만 원 버는 사람에게 월 100만 원은 적은 금액처럼 보일지 모르지만, 아직 그 일을 해보지 않은 사람에게는 월 100만 원은 엄청난 수입이다.

그동안 꾸준히 블로그와 SNS에 내 경험을 기록했다면 적게는 수십 명에서, 많게는 수십만 명이 내 글을 보고 있을 것이다. 그 사람들은 미래의 내 서비스를 구매할 잠재고객이기 때문에 카카오 오픈채팅방, 네이버 카페나 밴드와 같은 곳에 모아야 한다. 그리고 그들을 대상으로 내가 월 100만 원을 벌었던 노하우를 무료로 알려준다. 최근 6개월 동안 직접 해서 성과를 만든 결과물이기 때문에, 어렵지 않게 그 과정을 설명할 수 있다. 무료 강의를 마친 뒤에는 10만 원짜리 유료 강의를 오픈한다. 2기부터 강의비가 20만 원으로 인상된다고 공지하고, 1기는 선착순으로 10명만 받는다고 한다. 1기는 저렴한 금액으로 시작하는 것이 좋다. 왜냐면 내가 월 100만 원 벌었던 방법이 나에게만 적용되는 건지, 아니면 누구에게나 동일하게 적용되는 건지 확인하기 위함이다. 1기 수강생은 내 강의 베타 테스터가 될 수 있기 때문에 최대한 낮은 금액으로 하는 것이 좋다. 그리고 1기 수강생에게 내가 알고 있는 모든 노하우를 다 알려줘서 최대한 그들이 성과를 만들 수 있도록 해야 한다.

1기 수강생이 10명이라면 1~2명은 단기간에 나와 비슷한 성과를 만드는 사람이 나온다. 왜냐면 내가 했던 방법을 그대로 알려줬기 때문에 확률적으로 10~20%는 비슷한 결과물이 나오기 마련이다. 성과가 나온 1~2명의 후기를 잘 활용해서 2기 수강생을 모집할 때 사용한다. 수강 후기가 있으면 사람들이 조금 더 신뢰하고 수강하는 경향이 있다. 그와 동시에 꾸준히 SNS 활동을 했다면 더 많은 잠재고객이 모여 있을 것이다. 2기는 20만 원으로 1기보다 10만 원 더 비싸게 유료 강의를 모집한다. 기수가 가면 갈수록 가격을 조금씩 올려 지금 신청하는 것이 가장 저렴한 것처럼 보여줘야 한다. 2기에서 성과가 나온 수강생이 있으면 그걸로 3기를 모집하는데 활용한다. 1~2기 수강생을 가르치며 수강생들이 공통적으로 물어보는 질문을 잘 정리해서 전자책으로 만든다. 강의비가 비싸서 고민하는 분들에게 전자책을 판매한다. 가격은 3~5만 원이 적당하다.

내 사업에서도 돈을 벌고, 강의와 전자책으로 수입을 다각화하면 1년 후에는 월 순익 1,000만 원이 가능해진다. 월 1,000만 원을 최소 6개월 이상 벌고 나면 또 다른 온라인 사업에 도전해야 한다. 실패해도 괜찮다. 왜냐면 매달 1,000만 원이 나오기 때문이다. 이런 과정을 반복하며 파이프라인을 하나씩 늘려나가야 한다. 하나의 사업이 세팅이 되면 직원을 채용해서 단순 업무를 맡기고 나는 조금 더 생산적인 일을 한다.

나도 정확히 이 방법으로 돈을 벌었다. 유튜브를 보고 스마트스토어를 시작했다. 당시에 관심 있는 유튜버였던 신사임당을 선택하고 그분의 유료 강의를 들었다. 미친 듯이 했다. 그리고 온라인 쇼핑몰을 시작하고 3개월 만에 월 매출 4,000만 원을 만들었다. 그와 동시에 블로그에 글을 쓰고 오픈채팅방을 통해 사람을 모았다. 모여있는 사람들에게 무료 강의를 하고 내가 어떻게 스마트스토어로 돈을 벌었는지 알려준 뒤 유료 강의를 오픈했다. 1기 수강료는 10만 원, 수강생은 5명이었다. 1기 수강생들에게 내가 알고 있는 노하우를 모두 알려줬다. 그랬더니 5명 중 4명이

한 달 만에 월 매출 100만 원이 나왔다. 1기 수강생 후기를 통해 2기를 모집했다. 2기부터 수강료는 20만 원으로 올렸고 수강생 10명을 받았다. 기수가 늘어날 때마다 수강료를 조금씩 올렸다. 그와 동시에 블로그와 SNS를 꾸준히 했다.

내가 가진 노하우를 더 많은 사람이 볼 수 있도록 유튜브에 업로드했다. 그리고 구독자가 하는 질문을 잘 정리해서 전자책으로 만들었다. 또 직장과 육아로 실시간 강의를 못 듣는 분들을 위해 수업을 녹화했다. 뿐만 아니라 녹화 영상을 여러 교육 플랫폼에서 판매했다. 여기서 끝이 아니었다. 대량등록, 중국구매대행, 리셀, 건강식품, 브랜딩을 배우고 실천하며 계속 파이프라인을 늘렸다. 스노우볼처럼 눈덩이가 굴러가며 점점 수입이 커졌다.

처음에는 힘들고 어렵다. 나도 새로운 걸 배울 때 그랬다. 하지만 한 번이라도 성공경험을 맛보면 이후부터는 더 쉬워진다. 이런 과정을 거치면 특별한 능력이 없는 사람도 온라인에서 월 1,000만 원을 벌 수 있다.

사업하면서 느낀 좋은 점과 안 좋은 점

나는 앞서 언급했듯 중소기업에서 3년, 외국계 회사에서 7년 총 10년간 직장생활을 했다. 그리고 2022년 3월 퇴사했다. 그래서 직장인의 고충에 대해 누구보다 잘 알고 있다.

나도 직장인일 때 꿈이 퇴사였다. 퇴사만 하면 마냥 꽃길만 걸을 줄 알았는데 그렇지만도 않다는 사실을 뒤늦게 알게 되었다. 사업하면 좋은 점 3가지와 안 좋은 점 3가지가 있다.

좋은 점의 첫 번째는 '수입'이다.

직장인의 월급은 뻔하다. 월급이 300만 원이라고 하면 모든 생활 수준을 거기에 맞춰 살아야 한다. 카드값, 생활비, 대출이자,

자녀 학원비 등 아무 것도 안 해도 한 달 월급이 금방 없어진다. 가족여행이나 경조사, 명절이나 부모님 생신이 있는 달에는 월급으로는 부족해 마이너스 통장에 손을 댄다. 이런 현실 때문에 직장인은 의사결정을 할 때 항상 돈을 먼저 생각할 수밖에 없다. 월급 외에 수입을 만들 방법이 없기 때문이다.

하지만 직장인과 달리 사업은 잘 되면 단기간에 큰돈을 벌 수 있다. 예를 들어 쇼핑몰로 월 매출 1억 원, 순수익 2천만 원을 벌면 직장인이 월요일부터 금요일까지 주 5일, 6개월 동안 일하는 수입과 비슷해진다. 쇼핑몰 매출이 2달만 저렇게 나오면 2달 만에 직장인 연봉을 벌게 된다. 사업은 직장인보다 수입이 크고 경제적으로 여유롭다.

또 직장에 다닐 때 해외여행을 한번 가려면 몇 달 전부터 미리 계획을 해야 한다. 미리 시간을 빼야 하고. 또 저렴한 비행기와 숙소를 알아보기 위해 몇 날 며칠 손품을 팔아야만 했다. 하지만 사업을 하고 수입이 늘어난 후에는 돈보다 시간이 더 중요해졌다. 원하는 시간대의 비행기와 숙소를 몇 분 만에 예약할 수 있다. 여행을 가서도 돈 걱정 없이 먹고 싶은 거, 하고 싶은 것을 마음껏 할 수 있다. 뿐만 아니라, 양가 부모님에게 용돈이나 병원비를 드리거나 외식할 때도 고민하지 않고 돈을 쓸 수 있다. 직장인 때는 월급 안에서만 생각하고 생활해야 하는데 사업을 통해 수입이 늘어난 뒤에는 선택의 범위가 넓어졌다.

두 번째는 '자유로운 시간'이다.

직장생활을 할 때는 연차, 월차 쓰는 게 눈치가 보였다. 써 봤자 월요일 또는 금요일 하루밖에 못 썼고, 1년에 한 번 여름휴가로 3일 노는 게 전부였다. 몸이 아파도, 피곤해도 일단 출근을 해야만 했다. 회사에 가면 어쩔 수 없이 자리를 지켜야 했고, 일이 생겨도 회사 내에서 전화로 해결할 수밖에 없다.

그러나 사업을 하면 내가 사장이기 때문에 눈치 볼 사람이 없다. 주중에 목욕탕을 가든, 여행을 가든, 집에서 낮잠을 자든 내가 원하는 시간에 원하는 걸 선택 할 수 있는 자유가 생긴다. 인생을 주도적으로 살 수 있게 되는 것이다.

돈보다 중요한 것이 시간이다. 사장이 되면 돈으로 남의 시간을 살 수 있다. 내가 하기 싫은 일, 귀찮은 일을 다른 사람의 노동을 빌려 해결할 수 있다. 그렇게 확보한 시간으로 내가 원하는 일을 할 수 있다.

세 번째는 '성장'이다.

사업은 직장생활보다 최소 10배는 힘들고 고통스럽다. 전혀 예측할 수 없는 게임을 하는 것 같은 기분이다. 사업을 하면 끊임없이 문제가 생긴다. 누구의 도움 없이 사장이 직접 그 문제를 해결해야 한다. 스트레스의 강도가 장난이 아니다. 하지만 그런 과정을 거치면서 놀랍게 성장한다.

직장을 다닐 때는 예측 가능한 범위 안에서 생활했다. 나에게 주어진 업무만 잘하면 다른 부서나 다른 팀원들의 문제는 내가 신경 쓸 필요가 없다. 만나는 사람, 가는 장소도 대부분 한정적이다. 반면 사업은 별의별 사람을 다 만난다. 그리고 그들을 통해 배우는 것도, 느끼는 것도 많다.

이렇게 사업을 하면 좋은 점이 많다. 하지만 모든 일에는 양면성이 있다. 사업을 해서 안 좋은 점도 있다.

첫 번째는 불안감이 높아진다.

월급쟁이 때도 불안하긴 하다. 연봉 인상이 될지, 진급은 될지, 회사는 계속 다닐 수 있을지 등 소소한 불안감이 있다. 하지만 사업은 그것과 차원이 다른 불안감이다. 직장인은 버티면 월급이 나오지만, 사업은 버틴다고 월급이 나오지 않는다. 오히려 돈이 없어진다. 사무실 월세, 관리비, 직원 급여, 세금 등 숨만 쉬어도 나가는 고정비가 있다. 내가 잘못된 판단을 하거나 트렌드를 놓치면 눈 깜짝할 사이 회사가 망할 수 있다. 직장인은 돈을 못 벌지언정 잃진 않는다. 하지만 사업은 있는 돈마저 날릴 수 있다.

또 사업을 하고 돈을 벌면 자연스럽게 소비 금액도 커진다. 이때 회사가 어려워지고 돈을 벌기 힘들어지면 기존에 높아진 생활 수준 때문에 더 힘들어진다. 과거에 사업이 잘돼서 돈을 많이 벌어놨다고 해도 몇 개월이면 그 돈이 다 없어질 수도 있다. 그래서 매사에 불안하다.

대부분의 직장인은 이해하기 힘든 사장의 행동이 있다. 하는 사업이 잘 되고 돈도 잘 버는 것 같은데 사장은 항상 새로운 일을 벌인다. 적당히 해도 충분히 먹고 살 수 있을 것 같은데 세상일은 혼자 다 하는 것처럼, 돈에 미친 사람처럼 계속 일을 만든다. 사장이 일을 벌이는 이유는 생존하기 위함이다. 사장이 필사적으로 배우지 않고, 새로운 사업을 하지 않아 파이프라인을 만들지 못하면 그 회사는 도태되고 머지않아 망하게 된다. 일을 벌이는 건 돈을 벌기 위함도 있지만, 생존을 위한 사장의 발버둥이다. 하는 일이 계속 잘 될지, 또 새로운 일은 어떻게 될지 항상 불안해 할 수밖에 없다.

두 번째는 주위에 친구가 없어진다.

사업을 하고 돈을 벌기 시작하면 편하게 이야기할 수 있는 친구가 없어진다. 나도 직장인일 때 친구들과 종종 만났다. 생활 수준과 소득 수준이 비슷하니 관심사와 고민도 비슷했다. 하지만 사업을 하면서 내 관심사와 친구들의 관심사가 달라지기 시작했다. 가장 큰 어려움은 '돈'에 대해 편하게 이야기할 수 없다는 점이다. 나는 편하게 이야기하더라도 듣는 사람 입장에서는 부러울 수도 있고 질투할 수도 있다. 그렇다 보니 말을 가려가면서 할 수밖에 없다. 편하게 이야기를 하고 싶어서 친구를 만나는 건데, 편하게 말할 수 없는 상황이 펼쳐진다. 돈을 벌어도 벌었다고 말하기 힘들다.

친구들은 주로 연봉, 재테크, 스포츠, 연예인 이야기를 한다. 난 회사 매출, 직원 관리, 마케팅, 부동산에 관심이 많아, 친구들과 관심사가 많이 다르다. 돈의 단위도 친구들은 적게는 몇십 원에서 몇천만 원이지만 나는 몇억 원에서 몇십억 원에 대한 이야기를 한다. 돈의 단위가 다르다. 예전에는 별 생각 없이 했던 이야기도 조심할 수밖에 없다. 어느덧 기존 친구들보다, 사업하면서 새롭게 만난 사람들이 파트너 겸 친구가 되는 경우가 많아졌다.

수입이 늘어나면 주위에 친구가 없어진다는 말을 많이 들었는데, 그 말이 무슨 의미인지 사업을 한 뒤 비로소 알게 되었다.

세 번째는 하루 종일 일 생각을 한다.

사업을 하는 순간 수많은 리스크에 노출된다. 직원 횡령, 재고 관리, 투자, 사기 등 관리 포인트가 많아진다. 내가 아닌 누군가의 실수로 회사가 망할 수도 있다. 그래서 사장의 레이더는 24시간 켜져 있다. 언제 어디서 무슨 일이 일어날지 알 수 없어 항상 핸드폰을 들고 산다. 직장인들을 퇴근하면 끝이지만 사장은 퇴근이 없다. 주말이나 공휴일도 없다. 일이 곧 삶이고 삶이 곧 일이다.

나는 가장이라 아내와 자녀에게 관심을 가져야 한다. 여기서 말하는 관심이란 시간을 함께 보낸다는 뜻이다. 그러나 사업을 하면 워라밸을 지키는 것이 말처럼 쉬운 일이 아니다. 사람이 가지고 있는 에너지는 한계가 있다. 대부분의 시간과 에너지를 사업하는데 쓰기 때문에 집에 오면 정말 피곤하다. 아이들과 놀아주고, 아내와 시시콜콜한 일상에 대해 이야기해야 한다는 걸 머리로는 알지만 몸이 움직이지 않는다.

일 생각을 안하고 온전히 쉬고 싶지만, 가만히 있으면 자연스럽게 일 생각이 난다. 해야 할 일은 항상 산더미처럼 쌓여있다. 워커홀릭이 되어 하루 종일 일만 하는 사람이 된다.

많은 직장인이 퇴사를 꿈꾸고 경제적 자유를 이루고 싶어한다. 하지만 얻는 것이 있으면 잃는 것도 있다. 사업으로 돈과 시간을 얻었다면, 그에 맞는 스트레스와 불안감을 느낄 수밖에 없다.

나는 아직 퇴사한 걸 후회한 적은 없다. 직장생활도 할 만했지만 사업이 나에게 더 맞다. 회사는 언젠가 헤어져야 할 곳이다. 그걸 알고 있었기에 회사를 다니더라도, 한 살이라도 젊을 때 사업을 시작해야 한다고 생각했다.

그러니 나이가 어릴수록 작은 사업이라도 시작해 보는 것이 필요하다. 여기서 말하는 사업이란 자본금이 적게 드는 온라인 비즈니스이다. 유튜브, SNS, 블로그, 쇼핑몰 등 부업으로 돈을 벌 수 있는 방법은 많다. 회사 월급 외에 또 다른 수입원을 만들어야, 나중에 회사와 헤어지더라도 자본주의에서 살아남을 수 있다.

 100만 원 상당의
무료 혜택 증정
QR코드

생각해보기

1. 팔이피플을 보며 드는 생각은?

2. 아직 온라인 사업을 하고 있지 않다면
   어떤 이유로 하지 않았는가?

7. 평범한 당신이 돈을 더 벌 수 있는 구체적인 방법

205

3. 내가 만약 유튜브나 인스타그램을 시작한다면
　어떤 주제로 해보고 싶은가?

_____

_____

_____

_____

4. 내가 남들보다 조금이라도 더 잘 알고 있는 분야는?

_____

_____

_____

_____

5. 남에게 30분 이상 혼자 이야기할 수 있는 주제가 있다면?

_____

_____

_____

_____

8

돈의 감옥에서
탈출하는 방법

생각만 바꿔도 인생이 달라진다

유튜브나 인스타그램과 같은 SNS 기반의 플랫폼은 내가 뭘 좋아하는지 잘 안다. 내가 클릭할만한, 좋아할 만한 영상을 추천해준다. 결국 내가 보고 싶은 걸 보는 것이 아니라, 알고리즘이 노출시켜주는 걸 보게 된다. 그래서 요즘 시대에 생각을 바꾸기는 더욱 어렵다. 생각을 바꾸지 않으면 지금 모습과 비슷하게 살 수밖에 없다.

그럼 어떻게 생각을 바꿀 수 있을까? 무조건 지금과 달라져야 한다. 사고방식, 행동, 보는 것, 듣는 것 다 바꿔야 한다. 사람은 지금까지 살아온 관성에 의해 똑같은 선택을 하며 살아간다. 그 결과가 지금의 모습이고, 지금의 모습이 또 미래의 모습이기도 하다.

오늘부터 변화를 추구해야 한다. 예를 들어 출퇴근할 때 한 번도 가보지 않은 다른 길로 가기, 평소 안 만나던 친구 보기, 오프라인 강연 듣기, 한 번도 안 해본 SNS 시작하기. 일기 써보기, 집 밖으로 나가 산책이나 달리기하기 등 뭐든 내가 지금까지 안 했던 일을 해보는 것이다. 그것만으로도 새로운 자극을 받을 수 있다. 이 새로운 자극을 통해 뇌가 활성화되고 기존과 다른 생각을 할 수 있는 계기가 된다. 지금 우리가 보고 있는 건 누군가가 이미 생각한 결과물이다. 누군가가 상상했기 때문에 그게 지금 내 눈앞에 있는 것이다.

안 되는 사람은 안 되는 핑계를 대고, 되는 사람은 되는 방법을 찾는다. 안 된다고 생각하는 순간 더 이상 생산적인 사고가 되지 않는다. 하지만 방법이 있다고 생각하면 생각하게 되고 결국 방법을 찾게 된다.

사실 안되는 건 없다. 내가 안 된다고 믿을 뿐이다.

나랑 자주 만나는 3명의 평균 연봉이 내 연봉이다

직장을 다닐 때 만나는 사람은 동료, 선후배, 거래처 담당자가 전부였다. 그들을 만나서 하는 대화는 대개 비슷했다. 회사 욕, 연봉인상, 인센티브, 주식, 부동산, 코인 이야기 등. 만나는 사람이 비슷하니 대화 내용도 비슷하고 인사이트를 얻을만한 것이 별로 없었다.

반면에 부자를 만나면 비슷한 대화인 것 같지만 그 안에서 배울 것이 있다. 보통의 사람들과 다른 사고방식과 다른 철학을 가지고 있어서, 그 정도 성공을 이룰 수 있었기 때문이다. 잠잠히 듣고 있으면 확실히 다르다. 월 배당 1억 원 이상을 받는 지인이 있다. 참고로 연 배당이 아닌 매달 받는 배당금이다. 주식에 꽤 많은 투자금을 넣었다. 그분을 만나고 나도 배당주에 관심을 가지게 되었다. 덕분에 나도 2024년 12월 기준 월 배당 640만 원을 받았다. 만약 그런 부자를 만나지 않았다면 난 배당주로 돈 버는 방법을 몰랐을 것이다. 미국 배당주를 알고 공부함으로써, 월 1,000만 원 배당을 목표로 삼아 더 열심히 투자할 수 있는 동기를 갖게 되었다.

부동산에 대한 시야도 넓어졌다. 과거에는 지방 아파트 갭투자만 생각했는데 건물주를 만나면서 왜 건물에 투자해야 하는지 알게 되었다. 만나는 사람을 바꾸니 대화 주제도 달라졌고 배우는 것도 많아졌다.

학창 시절의 친구를 만나면 추억팔이, 연예인, 스포츠 외에는 미래지향적이고 생산적인 이야기를 하기가 힘들다. 그런 만남도 필요할 때가 있지만 그런 만남만으로는 내가 원하는 인생을 살기 어렵다. 모든 사람에게 동일하게 24시간이 주어진다. 하지만 누구에게나 주어진 24시간 속에서, 누구를 만나고 어떤 대화를 하느냐에 따라 내 생각과 판단이 180도 달라질 수 있다. 긍정적인 사람을 만나면 나도 긍정적인 사람이 되고 부정적인 사람을 만나면 나도 부정적인 사람이 된다. 부자를 만나면 나도 부자가 될 확률이 높아지고, 가난한 사람을 만나면 나도 그와 비슷하게 될 확률이 높아진다.

예전에는 부자를 경멸했다. 불법과 탈세를 저지르고 돈에 미쳐있는 가정파탄자, 술과 도박에 절어있는 나쁜 사람이라고 생각했다. 하지만 지금은 아니다. 정당한 방법으로 부를 이룬 사람을 보면 질투나 시샘보다 어떻게든 그들과 잘 지내고 싶다. 그 정도의 부를 이루려면 얼마나 많은 노력과 경험을 했을까? 때론 경외심마저 든다. 그들의 경험담과 조언을 통해 나도 더 성장하고 싶은 동기가 생긴다.

만나는 사람이 달라지니 내 수입도 달라졌다. 월수입 1억 원 이상을 버는 사업가부터 리노공업 이채윤 회장님, 스노우폭스 김승호 회장님, 디쉐어 현승원 의장 등 누구나 인정할 만한 성공을 이룬 사람을 만나면 에너지가 다르다. 그들은 당당하고 긍정적이며 진취적이다. 나보다 나은 사람, 배울 게 있는 사람, 끊임없이 성장하는 사람을 만나면 나도 좋은 영향을 받는다. 당신의 주위를 둘러봐라. 만약 보고 배울 사람이 없다면 지금 뭔가 잘못된 만남을 하고 있다는 뜻이다. 명심하라. 만나는 사람을 바꿔야 내가 바뀐다.

소비만 하지 말고 생산하라

난 매일 해야 할 일을 적는다. 하루에 할 일이 50가지가 넘을 때도 있다. 오늘 하지 않는다고 당장 무슨 일이 생기지는 않겠지만, 기록한 그 일들을 모두 실천할 때마다 나는 성장한다.

오늘 블로그 글을 쓰지 않아도, 유튜브에 영상을 하나 올리지 않아도 내 사업에 아무런 지장이 없다. 책을 읽지 않아도, 글을 쓰지 않아도 나에게 뭐라고 하는 사람은 없다. 솔직히 책을 안 읽고, 글도 안 쓰고 유튜브만 보는 것이 육체적으로 더 편하고 좋다. 하지만 매일 억지로라도 몸을 움직인다. 내가 쓴 글이 누군가에게 도움이 된다면 당장은 아니지만, 그들이 미래에 내 잠재고객이 될 수 있다. 더 나아가 꾸준히 글을 쓰면 블로그 지수가 좋아져 내 글이 상위노출이 되고 그 트래픽을 통해 돈도 벌 수 있다.

지금 책을 쓰는 이 순간에도 해야 할 일은 정말 많다. 책 〈타이탄의 도구들〉을 읽고 블로그 글쓰기, 경매 물건 2개를 찾아서 카페에 올리기, 유튜브 기획하고 촬영하기, 네이버 카페 관리하기, 세금자료 정리해서 세무사에게 전달하기, 회사 조직도 개편하기, 각 쇼핑몰 상품 점검 및 수정하기, 광고 수익률 체크하기, 헬스장 가기, 골프 연습하기, 아이들과 게임하기, 아내와 대화하기, 부모님 댁에 가기, 온라인 강의 영상 기획하기, 인스타 릴스 올리기, 유튜브 쇼츠 올리기, 각종 계약서 검토하기 등 이건 해야 할 일이다. 하고 싶은 일도 있다. 친구 만나기, 일찍 잠들기, 산책하기, 넷플릭스 보기, 유튜브로 스타크래프트 보기, 쇼핑몰 동영상 강의 듣기 등.

하지만 이 모든 걸 하루 만에 다 하려면 시간이 부족하다. 그래서 매일 선택의 기로에서 고민한다. 지금 내 선택에 따라 미래가 달라지는 걸 알기 때문이다. 여유 시간이 생기면 90%의 사람들은 휴식을 선택한다. 회사 퇴근하고, 육아를 마치고 저녁이 되면 지쳐있다. 아무것도 하기 싫어진다. 잠들기 전까지 쉬면서 내 시간을 마음대로 쓰고 싶어 한다. 반면 나머지 10%의 사람들은 시간이 생기면 성장을 위한 시간으로 만든다. 책을 읽고, 글을 쓰고, 운동하고, 새로운 것을 배우고, 끊임없이 생산적인 일을 한다. 어떤 삶이 더 우월하다고 말할 순 없지만 '돈'의 입장에서 보면 후자의 삶을 사는 사람들이 부자로 살 확률이 훨씬 더 높다.

같은 직장에서 같은 직급으로 일하는 A,B가 있다고 하자. A는 퇴근 후 스트레스를 풀 겸 친구들을 만나 술을 마시고 논다. 집에 늦게 들어가 잠들기 전까지 유튜브를 보고 새벽 1~2시에 잔다. B는 퇴근 후 헬스장에 들러 운동을 한다. 집에 가서는 닭가슴살을 먹고 부동산 공부를 한다. 책을 읽고 내용을 간단하게 블로그에 정리한 뒤, 인스타그램에도 피드를 만들어 올린다.

A와 B가 회사에서 보내는 시간은 비슷하다. 연봉도 비슷하다. 6개월 정도는 비슷해 보인다. 하지만 시간이 지날수록 A는 술과 야식으로 점점 살이 찐다. 매일 늦게 자서 컨디션도 안 좋고 항상 피곤하다. 친구를 만나서 논다고 모아놓은 돈도 없다. 하지만 B는 운동으로, 다부진 근육질 몸을 만들었고 매일 컨디션도 좋다. 블로그 이웃과 인스타그램 팔로워도 많이 늘었다. 부업으로 전자책을 팔아 월 100만 원의 추가 수입을 얻는다.

이렇게 1년, 3년, 5년 후 A와 B는 격차가 얼마나 더 벌어질까? 같은 회사에서 같은 연봉을 받는다고 같은 급이 아니다. 우리 주위에 A와 B 같은 직장인은 흔하게 볼 수 있다. 이 글을 읽으며, 나는 A인지 B인지 생각해 보면 스스로 안다.

내가 직장생활을 할 때 주위 동료들은 A와 같이 살았다. 월급이 적다고 불평하고, 퇴근 후 생산적인 일보다 소모적인 일을 하며 시간을 보냈다. 나도 A와 같은 직장인이었다. 하지만 돈에 대한 결핍이 생긴 뒤, 지금과 다른 인생을 살고 싶어졌다. 쉽지 않았지만 B처럼 살기로 결단했다. 놀고 싶고, 쉬고 싶었지만 생산적인 일을 하기 위해 시간을 썼다.

그렇게 소비만 했던 삶에서 생산하는 삶으로 바꿨다. 내 주위 동료들은 퇴근하면 편하게 쉬면서 시간과 돈을 소비했다. 나는 결혼을 일찍 했기에 자녀가 있어, 결혼하지 않은 친구들에 비해 신경 쓸 일이 많았다. 부족한 시간은 결국 잠을 줄여서 해결했다. 하루, 이틀, 한 달, 그리고 1년, 소비자에서 생산자가 되어보니 내 수입은 점점 커져 갔다. 그리고 돈을 더 불리기 위해 수백 권의 재테크 책을 읽고 공부했다. 덕분에 같은 직장을 다니는 동료들보다 자산을 더 모을 수 있게 되었다.

나도 사람인데 얼마나 놀고 싶었겠는가. 자고 싶고 놀고 싶었다. 적당히 하고 싶다는 생각도 수없이 많이 했다. 하지만 남들과 똑같이 해서는 절대 인생을 바꿀 수 없다는 걸 알고 있었다. 나를 세상에 알리기 위해, 무언가를 생산하기 위해 매 순간 최선을 다했다. 덕분에 지금은 예전보다 훨씬 경제적으로나, 시간적으로나 여유로워졌다.

10조 원의 자산을 가진 대기업 회장, 100원짜리 동전 하나 없는 5살짜리 유치원생, 병원에서 산소호흡기를 끼고 있는 90세 노인, 보디빌딩 대회에서 대상을 수상한 보디빌더. 자산, 나이, 직업, 건강 상태와 상관없이 모든 사람에게는 하루 24시간이 주어진다. 돈, 건강, 환경, 인맥은 다 달라도 시간만큼은 모든 사람에게 공평하다. 이 공평한 시간을 어떻게 쓰느냐에 따라 많은 것들이 달라진다. 지금의 내 모습은 과거에 내가 어디에 시간을 소비했는지에 대한 결과물이다. 5년, 10년 후의 내 모습은, 내가 오늘 어디서 뭘 했느냐에 따라 달라질 것이다.

예를 들어 넷플릭스에 재밌는 드라마가 나왔다고 해보자. 16부작을 보면 16시간과 넷플릭스 구독료가 빠져나간다. 만약 넷플릭스를 보지 않고 책을 읽거나 글을 쓰면, 그걸 통해 남의 시간과 돈을 내가 얻을 수 있다. 돈을 많이 벌고 싶다면 가장 먼저 해야 할 일이 '소비자'에서 '생산자'가 되는 것이다. 소비자는 항상 시간과 돈을 뺏기고 점점 가난해진다. 하지만 생산자는 소비자의 시간과 돈을 합법적으로 뺏어 점점 더 부유해진다.

할 일은 많은데 시간이 부족하다면 생산적인 일부터 해야 한다. 특히 돈을 벌고 싶다면 무조건 우선순위를 정해야 한다. 시간을 때우기 위해 유튜브를 시청하고, 친구를 만나 잡담이나 하면 결국 내 삶은 타인이 만들어놓은 재화를 쓰며 가난해질 수밖에 없다. 딱 하나만 기억하자. 남의 시간과 돈을 내가 가질 것인가, 아니면 내 시간과 돈을 남에게 빼앗길 것인가.

나만 알고 싶은 인생 치트키

예전에 많이 했던 〈스타크래프트〉라는 게임에서는 컴퓨터와 게임을 할 때 'show me the money'라는 치트키를 쓰면 돈이 생겼다. 일꾼으로 힘들게 미네랄과 가스를 캐야 생산기지를 만들고 유닛을 뽑을 수 있는데, 이 치트키 한방이면 처음부터 비싼 건물과 강한 유닛을 뽑아 상대를 쉽게 이길 수 있었다.

이처럼 대부분의 게임에는 치트키가 존재한다. 그걸 쓰면 무적이 된다. 하지만 인생은 게임과 다르다. 현실에서는 치트키 같은 건 존재하지 않는다. 누군가 만들어놓은 성공법칙은 그 사람에게만 적용되는 것이지, 모든 사람에게 동일하게 적용되지 않는다. 왜냐면 사람마다 가지고 있는 기질, 성향, 상황과 환경이 다 다르기 때문이다.

얼마 전, 아무도 모르는 나만의 치트키를 발견했다. 누구든, 언제든지 쓸 수 있고 인생을 정말 잘 풀리게 만드는 무적의 치트키다. 궁금하지 않은가? 내가 발견한 치트키는 바로 '해석(解釋)'이다. 어떤 상황이 일어나든 해석은 내가 한다. 그래서 해석을 잘하는 것이 인생을 잘 푸는 비밀이다.

예를 들어 지갑을 잃어버렸다고 하자. 당신은 어떻게 반응하겠는가? 누구는 재수 없다고 화를 내면서 짜증만 낼 것이다. 하지만 그런다고 변하는 건 없다. 이미 잃어버렸고 끝이 난 사실이다. 지금 짜증이 나는 건, 내가 짜증을 내기로 결정했기 때문이다. 만약 지갑을 주운 사람이 돈이 없어 자살하려던 찰나, 내 지갑을 주워 지갑 안에 있던 돈으로 밥을 먹어 자살을 포기하고 다시 살게되었다면 어떨까? 내 지갑 덕분에 한 명의 생명을 살렸다. 그게 사실인지 아닌지는 중요하지 않다. 그냥 나 혼자 그렇게 해석하면 된다. 내 지갑을 통해 한 명의 생명을 살린 가치 있는 일을 했다고 해석하면 된다.

이게 무슨 말도 안 되는 소리냐고 반문할지 모른다. 하지만 어떤 상황에서도 해석은 내가 한다. 무조건 좋은 쪽으로 해석하면 된다. 이미 일은 일어났고 해석만 남았다. 차를 타고 가다 기름이 떨어지면 누구는 오만 짜증을 다 부린다. 애꿎은 배우자의 탓을 하기도 한다. 하지만 또 다른 누군가는 고속도로로 계속 달렸으면 교통사고가 나서 죽을 뻔했는데, 기름이 없어진 덕분에 살았으니 다행이라고 해석할 수 있다. 어떤 일이 생기면 그건 이미 과거가 되었고, 그 과거는 내가 결코 바꿀 수 없다. 이미 지나간 일로 짜증을 부리거나 화를 낸다고 바뀌는 건 아무것도 없다. 기분만 나쁘고 불쾌하기만 할 뿐이다. 난 14년간 운전을 하면서 단 한 번도 화를 낸 적이 없다. "아~씨!"라는 말조차 입 밖으로 꺼내 본 적이 없다. 이미 누군가 이상하게 운전했고, 과거가 되었다. 욕을 한들 바뀌는 건 아무것도 없다. 화를 내지 않는 이유는, 내가 좋게 해석하면 끝인데 거기에 화를 낸다고 달라질 게 아무것도 없다는 걸 알기 때문이다.

감정, 기분, 에너지, 상황 파악, 주위 사람들의 시선 등 매순간 어떤 판단을 하고 어떤 생각을 하느냐에 따라 내가 누군지 정의된다.

결국, 인생은 해석이다. 어떤 상황에서도 긍정적인 해석을 하면 좋은 일이 생긴다. 꿈보다 해몽이다. 꿈은 이미 꿨으니 어떤 해몽을 할지 내가 정하면 된다. 뱀이 나오면 뱀이 나와서 좋은 이유

를 찾으면 되고, 꿈에서 똥을 밟으면 똥을 밟아서 좋은 이유를 찾
으면 된다.

돈을 벌 때도 마찬가지다. 부정적인 생각은 부정적인 에너지
를 만들고 부정적인 사람을 만나게 만든다. 사건 사고가 끊이지
않는 사람들이 있다. 그들은 어디를 가든 문제가 생긴다. 문제가
있는 사람에게는 안 좋은 일이 계속 따라다닌다. 반면 긍정적인
사람은 긍정적인 에너지를 만들고 긍정적인 사람을 만나게 된다.
주위에 뭘 해도 일이 잘 풀리는 사람이 있다. 어떻게 일이 저렇게
잘 풀릴 수 있을까 떠오르는 사람이 있다면 왜 그렇게 됐는지 한
번 생각해 보길 바란다. 단순히 운이 좋아서 그럴까? 계속되는 운
은 실력이다. 남들보다 뛰어난 실력이라기보다, 그들의 긍정적인
해석과 긍정적인 에너지가 만든 결과물이다.

이 글을 읽고 있는 독자에게 정말 강력한 치트키를 알려드렸
다. 만약 이 책을 읽고 나서 안 좋은 일이 생기면 즉각 좋은 쪽으로
해석해보길 바란다. 어떤 일이 일어나든 긍정적으로 살 수 있다.

돈을 벌기 위해 무조건 배워야 할 4가지 기술

첫 번째, 글쓰기

돈을 번다는 건 내 제품이나 서비스를 누군가에게 판다는 뜻과 같다. 즉, 고객을 글로 설득하는 작업이 필요하다. 전단지 광고, 블로그, 인스타를 보면 사람들은 글을 읽고 반응한다. 그렇다고 베스트셀러 작가처럼 글을 잘 쓸 필요는 없다. 내 생각을 정확히 글로 표현할 수만 있으면 된다. 우리가 알고 있는 대부분의 인플루언서 또는 부자들은 글쓰기 능력이 뛰어나다. 그들이 그 자리까지 올라갈 수 있었던 가장 큰 이유는 바로 글쓰기 덕분이라고 해도 과언이 아니다.

하지만 대부분의 사람은 글 쓰는데 두려움이 크다. 마치 지나

가는 외국인이 영어로 말을 걸면 눈만 깜빡거리고 아무 말도 못하는 것처럼, 글을 쓰라고 하면 어떤 글을 써야 할지 몰라 멀뚱멀뚱 모니터만 본다. 영어나 불어도 아니고 한국어를 쓰는 건데 왜 글 쓰는 걸 어렵게 느끼는 걸까? 왜냐면 써 본 적이 없기 때문이다. 이 책을 보고 있는 독자들도, 누가 써 놓은 글을 읽는 건 익숙할지 몰라도 본인이 직접 글을 쓴 게 언제인지 기억조차 못하는 분들이 많을 것이다. 하지만 글쓰기는 결코 어려운 일이 아니다. 일단 내 생각이나 경험을 쓰면 된다. 그리고 글을 쓰다 보면 생각이 정리된다. 또한 내가 뭘 알고 모르는지도 명확하게 알게 된다.

나는 스마트스토어를 시작하고 매출이 나오기 시작하면서 블로그를 시작했다. 쇼핑몰을 운영하면서 얻은 경험과 시행착오를 적었다. 이렇게 쉬운 걸 모르는 사람이 있을까? 싶을 만한 기본적인 내용도 썼다. 이 블로그 글을 보고 도움받았다는 댓글을 몇 명이 적어줬다. 사람들이 내 글을 읽어준다는 사실이 신기하고 재밌어서 틈틈이 블로그를 썼다. 그리고 사람들이 쇼핑몰에 대해 궁금할 만한 내용을 잘 정리해서 전자책으로 만들어 팔았는데, 네이버에서 2주 동안 1억 원 이상의 매출을 올렸다. 어떤 형태로든 글을 써야 돈을 벌 수 있다. 뭘 써야 할지 모르겠다면 메모장을 켜서 오늘 본 유튜브나 인스타 영상을 요약해도 된다.

명심하자. 돈을 벌고 싶다면 글쓰기는 필수다.

두 번째, 후킹(Hooking)

유튜브, 인스타, 블로그, 쇼핑몰 그 무엇이 되었든 후킹을 모르면 자본주의에서 선택받기 힘들다. 후킹이라는 단어를 몰랐다면 지금부터라도 무조건 알고 있어야 할 용어이다. 후킹(Hooking)은 소비자의 욕구를 충족시켜 구매하도록 만드는 마케팅 기술이다. 아무리 비싸고 좋은 명품도 포장지가 엉망이면 사람들은 눈길조차 주지 않는다. 그럴듯하게 보이는 것도 기술이다. 유튜브 썸네일, 인스타 첫 사진, 블로그 제목 등 후킹을 하느냐 못 하느냐에 따라 조회수와 매출에 엄청난 차이가 생긴다. 돈을 벌기 위해서 후킹은 '선택'이 아닌 '필수'다.

우리가 보는 광고는 소비자가 인지하지 못할 뿐, 후킹이라는 마케팅 기술이 항상 들어가 있다. 예를 들어 시리얼을 먹으면 마치 광고하는 연예인 같은 몸매를 가질 것 같은 기분, 이 화장품을 바르면 광고하는 연예인처럼 하얀 피부를 가질 수 있을 거라는 믿음. 그런 기분과 믿음을 갖게 만들어 소비자가 즉시 물건을 사게 만드는 것이 후킹의 위력이다. 후킹은 사기나 거짓말과 다르다. 대중들이 관심을 가질 만한 요소를 극대화시켜 소비를 촉진시키는 기술이다.

나도 유튜브 썸네일을 만들 때 후킹을 한다. 아무리 좋은 콘텐츠도 클릭을 받지 못하면 조회수가 잘 안 나온다. 유튜버가 영상을 찍는 이유는 많은 사람에게 관심을 받기 위함인데, 아무도 보지 않는다면 영상을 찍을 이유가 없다. 가끔 〈돈버는형님들〉 유튜브 채널은 썸네일 후킹이 심하다고 말하는 구독자가 있다. 하지만 어쩔 수 없다. 유튜버로서, 유튜브에서 살아남기 위한 생존 방법이다.

이처럼 글을 쓰거나, 영상을 제작할 때 딱 한 번이라도 후킹을 생각한다면 확실한 효과를 볼 수 있을 것이다.

세 번째, 실행력

많이 배우고 알아도 그걸 실천하지 않으면 아무 의미가 없다. 무엇이든 배운 걸 실행에 옮겨야 그게 진짜 내 것이 된다. 유튜브나 블로그를 보면 돈 버는 방법은 널리고 널렸다. 한 번쯤 다 들어본 방법들이다. 하지만 알고 있는 걸 직접 실행에 옮겨 돈을 버는 사람은 극소수다. 돈 버는 방법을 알려줘도 잘 안 한다. 이미 늦은 것 같고, 어려울 것 같아서 시도조차 하지 않는다. 처음에는 어려워 보이는 것도 막상 하면 배우는 것이 있고 그게 경험이 된다. 그리고 그런 경험이 쌓이면 남들보다 조금 더 잘하게 된다. 남들보다 조금 더 잘하면, 그걸로 돈 벌 기회를 만나게 되는 것이다.

시작이 반이다. 고리타분한 이야기 같지만 정말 시작이 반이다. 생각보다 아는 걸 실행에 옮기는 사람은 적다. 그리고 실행에 옮긴 사람 중 끝까지 지속하는 사람은 더 적다. 부자가 많이 없는 이유도 아는 걸 실행하는 사람이 적고, 그걸 지속하는 사람이 적기 때문이다. 일단 시작하고 계속하면 어느 순간 임계점을 넘고 돈 버는 기술을 습득하게 된다.

나도 온라인 쇼핑몰로, 돈 버는 유튜브 영상만 3년 동안 봤다. 해도 될까? 내가 할 수 있을까? 생각하며 3년 동안 시작조차 하지 않았는데, 막상 해보니 별 게 없었다. 그리고 그게 내 밥벌이가 되었다.

네 번째, 멘탈

돈을 벌면 벌수록 나를 싫어하고 질투하는 사람이 생긴다. 그리고 시도 때도 없이 멘탈을 흔드는 상황에 직면한다. 예를 들어 쇼핑몰을 하면 진상 고객을 만나거나, 지식재산권 문제로 법무법인에서 연락을 받거나, 리뷰 테러를 받는 등 별의별 일이 생긴다. 이런 상황을 잘 극복해야 '돈'이라는 달콤한 열매를 먹을 수 있다.

멘탈이 무너지는 순간, 지금까지 쌓은 모든 것들이 한순간에 무너질 수 있다. 태어날 때부터 강한 멘탈을 가진 사람은 없다. 멘탈도 훈련을 통해 강해질 수 있다.

튼튼한 멘탈을 만들고 싶다면, 어떤 순간에도 긍정적인 생각을 할 수 있어야 한다. 어떤 문제가 생겼을 때 우리 뇌는 이 일이 좋은 일인지 나쁜 일인지 구분할 수 없다. 내가 받아들이는 반응을 보고 좋은 일인지 안 좋은 일인지 파악한다. 설령 안 좋은 일이더라도, 내가 좋게 해석하면 내 몸은 좋은 일로 받아들인다. 결국 내가 어떻게 받아들이고 해석하느냐가 더 중요하다.

돈을 벌기 위해 꼭 필요한 4가지 기술인 글쓰기, 후킹, 실행력, 멘탈에 대해 알아봤다. 만약, 이런 것들이 스스로에게 없다고 해서 낙담하거나 포기하지 말라. 오늘, 아니 지금부터 이런 기술들을 가지기 위해 노력하면 된다.

100만 원 상당의
무료 혜택 증정
QR코드

1. 결국 내가 성공할 수밖에 없는 이유 3가지는?

_____

_____

_____

_____

2. 최근에 자주 만난 친구나 지인 3명은?

_____

_____

_____

_____

3. 그들의 평균 연봉이나 수입은?

   (3명의 수입을 더하고, 나누기 3을 하면 내 수입이다.)

_____

_____

_____

_____

4. 내가 생산해서 팔 수 있는 건 무엇이 있는가?

5. 돈을 벌기 위해서는 어떤 능력이 제일 중요하다고 생각하는가?

9

자본주의 전쟁터에서
살아남는 방법

어떤 상황이든 돈과 결합시켜라

저출산과 관련된 신문기사를 봤다고 하자. 사람들은 정부를 욕하거나 아이를 낳지 않는 젊은 부부를 비난할 것이다. 하지만 난 타인을 욕하지 않는다. 아이를 적게 낳으니 "아기용품을 비싸게 팔면 좋지 않을까?"와 같이 저출산을 통해 내가 어떻게 돈을 벌 수 있을까 생각한다.

물가가 너무 올라 자영업자들이 힘들다는 뉴스를 본다. 사람들은 정치인들이 정책을 잘못 펼쳐 일어난 문제라고 말하며 욕을 할 것이다. 난 그들을 욕하지 않고 물가가 올라서 수혜를 보는 업종은 어디인지, 인플레이션일 때 어디에 투자하면 돈을 벌 수 있을지 생각한다.

어떤 사건이 일어났을 때 비판하기는 쉽다. 하지만 그걸로 내가 얻을 수 있는 것은 없다. 어떤 상황이나 문제가 생기면, 그걸 통해 내게 이득이 되는 방향으로 생각하는 습관을 가져야 한다. 명심하자. 매순간 생산적인 사고를 해야 돈을 벌 수 있다.

우리가 하는 대화를 복기해보면, 누군가를 칭찬하고 격려하는 말보다 타인을 욕하거나 비난하는 경우가 더 많다. 그렇게 남의 욕을 해서 얻을 게 무엇이 있을까? 아무것도 없다. 어떤 일이 일어나면 내가 할 수 있는, 이미 일어난 일을 활용해 내가 돈 벌 수 있는 일을 생각하면 훨씬 더 긍정적이고 생산적인 사고를 할 수 있다.

누군가는 식당에 갈 때 '사람이 너무 많네' '음식이 별로네' 정도에서 그친다. 안타깝지만 이런 사람들은, 돈을 많이 벌기가 쉽지 않을 것이다. 하지만 또 누군가는 동일한 상황에서 '이 식당의 객단가는 이 정도네' '회전율을 보니 대략적으로 매출 대비 순이익은 이 정도가 나오겠네' 라는 식으로 사고를 확장시킨다. 단언컨대, 이런 사람들은 이미 돈을 많이 벌었을 확률이 높으며, 앞으로 더 많은 돈을 벌 수밖에 없다. 어떤 상황이든 돈을 벌 수 있는 뇌가 돌아가는 사람이니까. 이처럼, 당신에게 주어진 모든 상황을 돈과 결합해서 생각하라. 지금 상황에서 내가 팔 수 있는 아이템은 무엇인지 고민하고, 주어진 환경에서 더 효율적으로 돈을 벌

기 위해선 어떻게 해야 할지 고민하라. 그렇게 '부자의 뇌'를 갖게
되면 인생이 훨씬 더 쉬워진다.

돈이 있으면 돈 버는 속도가 더 빨라진다

난 28살에 600만 원으로 결혼했다. 그리고 맞벌이를 하며 열심히 돈을 모았다. 월 100만 원씩을 저축해서 1년간 1,200만 원을 모았다. 저축한 1,200만 원은 첫째가 태어나며 아반떼 중고차를 산다고 썼다. 신혼집 때문에 대출 4천만 원을 빌렸는데 그걸 갚기 위해 열심히 일했다. 대출금을 갚다가 이사를 가면서 또 빚을 졌다. 결혼하고 7년 동안 나름 아끼고 살았지만, 전재산이 3,000만 원도 되지 않았다. 생각만큼 돈도 잘 모이지 않고 돈 모으는 과정이 너무 힘들었다. 외제차를 타며 좋은 아파트에 사는 사람들, 해외여행을 매달 다니고 건물로 월세 받는 사람들을 보며 그들은 도대체 뭘 해서 저렇게 돈을 모았는지 궁금했다. 이제는 그 비밀을 안다. 바로 '목돈' 덕분이다.

목돈이 있으면 자산이 불어나는 속도가 빠르다. 부자들이 목돈을 만들기까지 쓰지 말고 무조건 모아야 한다고 말한다. 맞는 말이다. 돈에도 힘이 있어 100만 원, 200만 원 같이 적은 금액은 금방 없어진다. 명품 지갑을 하나 사거나 해외여행을 며칠 다녀오면 없어질 돈이다. 다시 그 정도 돈을 모아도 이내 사라진다. 하지만 5,000만 원이 넘어가면 돈에 힘이 생겨 잘 없어지지 않는다. 투자할 때도 신중하게 되고, 돈이 차곡차곡 쌓이는 것이 느껴진다.

경험상 통장에 5,000만 원 만들기까지가 가장 힘들었다. 결혼하고 무려 8년이 걸렸다. 이때까지 최대한 아끼고 버텨야 한다. 그리고 그 기간 동안 돈만 모으는 것이 아니라 자신만의 무기를 만들어야 한다. 직장의 월급으로 부자가 되는 건 거의 불가능하다. 목돈을 만들어서 적정한 곳에 투자를 해야 부를 빠르게 키워 나갈 수 있다.

돈이 돈을 번다는 말을 많이 들어봤을 것이다. 옛날의 나에게 월 1,000만 원은, 평생 벌 수 없는 돈처럼 느껴졌다. 뭘 어떻게 해야 저런 큰돈을 벌 수 있을까 궁금했다. 하지만 지금은 하루에 1,000만 원 이상 벌 때도 있다.

예를 들어 주식에 100만 원을 투자하고 10%가 올랐다고 하

자. 그러면 10만 원을 벌게 된다. 외식 한번 하면 없어질 돈이다. 반면 5,000만 원을 투자해서 10%가 오르면 500만 원을 벌게 된다. 수익률은 같지만 버는 액수가 달라진다.

부동산도 마찬가지다. 1억 원 가치의 빌라를 가지고 있다가 시장이 좋아 10%가 오르면 1천만 원을 벌게된다. 하지만 10억 원 가치의 아파트를 가지고 있다가, 10%가 오르면 1억 원을 벌게 된다.

투자금이 커질수록 버는 돈도 비례해서 커진다. 나중에는 내가 노동해서 버는 노동소득보다 투자한 돈이 돈을 벌어오는 금융소득이 더 많아지는 순간이 온다. 그때부터 기하급수적으로 자산이 쌓이게 된다.

돈이 없을 땐 돈 버는 것이 세상에서 제일 힘든 일이었다. 하지만 목돈을 만들어 놓으니, 돈이 돈을 번다는 뜻이 무엇인지 알게 되었다. 돈은 중력과 같아서 무거울수록, 숫자가 늘어날수록 힘이 커진다.

본인만의 투자 전략을 세워라

처음 주식을 시작했을 때는 극단적이었다. 주위에 지인들이 추천해주는 종목을 샀다. 예를 들어 지인이 특정 회사 임원이라 내부 정보를 들었는데, 곧 다른 회사와 계약 소식이 있을 거라고 찌라시를 준다. 그러면 나는 그 소식을 듣고 주식을 사곤 했다. 하지만 이내 주가가 밑으로 곤두박질쳤다.

나름 주식으로 돈을 벌기 위해 신문, 뉴스, 유튜브로 열심히 공부했다. 리딩방에 참여해보고 다양한 방법으로 주식정보를 찾았다. 그리고 내린 결론이 있다. 주식 정보를 주는 주최자도 주식의 미래를 모른다는 사실이었다. 정보를 주고 돈을 받을 뿐, 본인들도 주식으로 돈을 못 벌고 있었다. 단순히 운으로, 또는 하나 언

238

어걸려 좋은 수익률이 나왔지 매번 그렇게 될 수 없다는 사실을 알았다. 그 이후 난 우상향하는 우량 자산에 적립식으로 꾸준히 투자하기로 마음먹었다.

난 비트코인을 2021년 4월부터 매일 조금씩 샀다. 아침에 일어나면 하루 루틴으로 가상화폐 거래소를 통해, 코인 시가총액 1등부터 3등까지 샀다. 비트코인을 10만 원, 이더리움을 5만 원, 리플을 2만 원씩 구매했다. 2021년 7월부터 국내주식 시가총액 1등 삼성전자 우선주도 매달 샀다. 주가를 보지도 않고 1달에 1번 샀다. 테슬라도 돈이 있을 때마다 매달 매수했다. 사업으로 벌어들인 수입으로 매일 또는 매달 투자했다. 눈이 오나 비가 오나 시장이 좋으나 안 좋으나 내가 정한 투자금을 적립식으로 모았다. 2년 넘게 마이너스였지만, 그 덕분에 저렴한 가격에 많은 수량을 확보할 수 있었다. 그리고 그렇게 모은 주식과 코인들은 특정 시기가 넘어가면서 엄청난 수익률로 돌아왔다.

우량한 자산에 적립식으로 장기 투자하면 높은 확률로 돈을 벌 수 있다고 믿는다. 왜냐면 그게 자본주의이기 때문이다. 아무리 경제위기가 와도, 살아남을 회사는 살아남는다. 그리고 그 회사가 망한 회사들의 고객층까지 다 흡수하기 때문에 결국 돈을 번다.

투자 소득은 노동소득보다 크다. 시급 1만 원 받는 일로 24시간을 일하면 24만 원을 번다. 잠도 자지 않고 30일 동안 매일 일을 하면 720만 원을 번다. 한 인간이 노동력과 시간을 최대한으로 써서 벌 수 있는 최대의 금액이다. 하지만 투자 소득은 다르다. 예를 들어 테슬라 같은 회사를 직접 창업하지 않더라도 테슬라 주식을 사면 일론 머스크와 같은 경영자와 동업을 할 수 있다. 그가 아이디어를 내고 공장을 만들고 전기차와 로봇을 만들어 회사가 돈을 벌면 나도 돈을 버는 구조다. 내가 일하지 않아도, 투자한 회사가 일을 하면 돈을 번다. 이렇게 멋진 비즈니스를 할 수 있는 건 주식이라 가능한 일이다.

요즘 시대에 월급만으로 경제적 자유를 이루긴 힘들다. 왜냐면 노동 수입은 시간적, 공간적 제약을 가질 수밖에 없기 때문이다. 부자가 되고 싶다면, 경제적으로 여유 있는 노후를 맞이하고 싶다면 투자는 선택이 아닌 필수다.

나는 부동산 전문가가 아니지만, 관심은 많다. 그래서 다양한 부동산 투자를 하고 있다. 그리고 부동산 투자를 하면서 왜 대한민국 부자들이 부동산을 좋아하는지, 어떻게 돈을 버는지 알게 되었다. 좋은 지역의 아파트나 건물은 가치가 계속 오른다. 후발주자가 더 많은 돈을 지불하고서라도 들어오고 싶어 안달이다. 또 인플레이션이 발생하고 돈의 가치가 떨어지면, 자연스럽게 부동산 가격도 오른다. 예를 들어 3층짜리 건물이 30억 원이라고 하자. 신규법인을 만들면 대출 80%, 24억 원이 나온다. 리모델링과 기타 비용을 합쳐 10억 원 정도 자본금이 있으면, 30억 원짜리 건물을 살 수 있다. 24억 대출 이율이 5%라고 하면, 월 1,000만 원 정도를 이자로 내야 한다. 월 1,000만 원이라고 하면 큰돈처럼 느껴지지만 걱정할 필요가 없다. 왜냐면 임차인의 임대료로, 1층 월세 600만 원, 2층 월세 400만 원, 3층 100만 원씩을 받으면 이자를 내고도 돈이 남기 때문이다. 건물주는 자영업자가 열심히 일해서 번 돈으로 은행이자를 내기만 하면 된다. 10억 원의 자본금이 없다면 5명에서 1인당 2억 원씩 투자해도 된다.

자연스럽게 인플레이션과 주위 시세가 반영된다. 임차를 맞추고 2년~3년이 지나면 30억 원짜리 건물이 50억 원이 된다. 10억 원을 투자해 20억 원을 번다. 꼬마빌딩을 사고 리모델링한 뒤, 임차를 맞춰서 팔면 끝이다. 이렇게 몇 번 굴리면 투자로 돈을 벌 수 있다. 나도 부동산에 대해 몰랐을 때는 엄청난 부자만 건물주가 되는 줄 알았다. 하지만 막상 건물주가 되어보니, 돈이 있어서 되는 것이 아니라 방법을 알면 어느 정도의 자본금으로도 충분히 건물주가 될 수 있다는 사실을 알게 되었다.

건물투자는 어렵지 않지만, 일반인들은 몰라서 못한다. 부자는 자신들이 부를 쌓은 방법을 많은 사람이 알길 원하지 않는다. 열심히 본인의 일만 죽어라 하길 원한다. 건물주는, 성실한 자영업자의 등에 빨대를 꽂고, 그들의 피와 땀으로 은행이자를 내고 매매차익을 통해 더 많은 돈을 벌고 있다. 적절한 투자금만 있으면, 은행과 자영업자의 레버리지를 통해 남들보다 쉽게 돈을 번다는 사실을 알게 되고 적잖은 충격을 받았다.

나도 직장인일 때는 부동산과 거리가 먼 삶을 살았다. 건물주가 되는 건 상상조차 해보지 않았다. 그런데 돈을 벌고 주위에 있는 부자들을 관찰해보니 그들은 사업과 부동산, 두 가지 방식으로 돈을 벌고 있었다. 사업은 언젠가 망할 수 있는 리스크가 있지만, 입지 좋은 부동산은 안전자산으로 분류되어 우상향하는 자산이 되었다.

주식투자는 오래 했지만 진득하게 분할 매수를 시작한지는 이제 5년 정도 밖에 되지 않았다. 난 어느 분야든 1등 주식을 산다. 경제가 어려워도 1등은 시장독점력이 있기 때문에 생존할 확률이 더 높다고 생각한다. 국내는 삼성전자, 해외는 테슬라 위주로 산다. 그리고 매도하지 않는다. 내가 설정한 금액에 도달할 때까지 단 한 번도 매도한 적 없이 모으기만 한다. 언젠가 팔아야지 내 돈이 된다고 생각할 수 있지만 없는 돈이라 생각하고 매달 정해진 날에 정해진 금액을 살 뿐이다. 어떻게 보면 로봇처럼 주식에 감정을 넣지 않는다.

투자에 정답은 없지만, 자신만의 투자 전략이 있어야 한다. 남들이 추천해서 사고, 팔라고 해서 판다면 절대 돈을 벌 수 없다. 시간이 걸리겠지만 남과 다른 나만의 기준이 있어야, 주위 환경에 따라 투자여부를 결정하지 않게 된다. 주위 사람들에게 조언은 들을 수 있지만 모든 책임은 본인이 져야 한다.

영향력을 극대화시켜라

바야흐로 SNS가 필수인 시대가 되었다. 자기 스스로를 브랜딩해야 큰돈을 벌 수 있다. 난 컴퓨터를 잘 다루지 못한다. 일명 컴맹이다. 그래서 유튜브는 2021년 10월, 인스타그램은 2023년 8월, 스레드는 2024년 6월부터 시작했다. 틱톡도 2024년 시작했다.

난 남들보다 많이 늦게 SNS에 진입했다. 그러나 아무것도 하지 않으면 아무 일도 일어나지 않는다는 걸 알았기에, 늦었지만 더 이상 생각만 하지 않고 일단 행동으로 옮겼다. 그리고 그것 덕분에 지금도 돈을 벌고 있다. 브랜딩은, 시간이 걸리더라도 우리가 돈을 벌기 위해서 꼭 만들어가야 할 과제다.

브랜딩이라는 말 자체가 일반인들에게는 먼 이야기처럼 느껴질 수 있다. 나도 살면서 브랜딩이라는 말을 내 입으로 뱉은 건, 10번도 안 될 만큼 브랜딩과는 상관없는 삶을 살았기 때문이다. 퍼스널 브랜딩은 연예인이나 스포츠 선수들이 쓰는 단어지, 나 같은 사람과는 연관성이 전혀 없는 단어인 줄 알았다. 하지만 돈을 벌기 위해 여러 가지를 알아보니 결국 나 스스로가 브랜딩이 되어 있지 않으면, 끊임없이 누군가에게 부탁하고 돈을 줄 수밖에 없다는 사실을 알게 되었다.

예를 들어 내가 사과를 판매하고 싶을 때, 영향력이 없는 사람이라면 사과를 팔아줄 유튜버나 인플루언서를 찾아야 한다. 아니면 비싼 광고비를 내고 광고를 해야 한다. 즉, 비용을 써서 누군가에게 부탁할 수밖에 없다. 하지만 내가 인플루언서가 되거나 퍼스널 브랜딩이 되어 있다면 내 팬들에게 사과를 홍보하고 판매할 수 있다. 10원도 쓰지 않고 내 유튜브, 인스타와 같은 SNS채널에 홍보할 수 있다. 얼마나 좋은가? 누구는 자신의 상품이나 서비스를 판매하기 위해 적게는 몇십만 원에서, 많게는 몇천만 원을 광고비로 내야 하는데 브랜딩 된 사람은 언제든지 공짜로 할 수 있다.

지금 시대는 영향력의 크기가 수입의 크기를 좌우한다. 숫자가 깡패다. SNS에서 구독자가 많거나 팔로워가 많으면 그만큼 큰 영향력을 끼칠 수 있다. 광고단가도 달라진다. 나도 유튜브를 하다 보니 브랜디드 광고나 PPL 광고가 들어올 때가 있다. 1편을 제작하고 최대 1,000만 원까지 받은 적도 있다. 5~10분짜리 영상을 만들어주고 그 정도 돈을 받는 게 이 시장이다.

난 구독자가 26만 명(2025년 2월 기준) 밖에 되지 않지만 구독자가 100만 명 넘는 유튜버들은 광고비가 회당 5,000만 원도 넘는다. 광고주는 자사 제품을 홍보하기 위해 그렇게 막대한 비용을 유튜버에게 지불한다. 그만큼 영향력이 있기 때문이다.

이 책을 읽으며 누군가는 "난 컴퓨터도 잘 못하는데 무슨 이 나이에 퍼스널 브랜딩이야?" "난 잘하는 것도 없고 무슨 이야기를 해야할지도 모르겠어"라고 생각할 것이고, 또 누군가는 당장 뭐라도 시작할 것이다. 스레드가 뭔지 알아보고 글을 쓰거나, 인스타그램에 피드를 하나 올려볼 것이다. 유튜브에 아무 영상이나 찍어서 그냥 업로드 해볼 것이다. 이런 사소한 행동력이 인생을 바꾼다.

영향력을 넓히려면 많은 시도를 해야 한다. 대중들이 어떤 글을 좋아하는지, 어떤 영상을 올리면 반응을 하는지 시행착오를 겪으며 스스로 알아내야 한다. 나도 스레드가 나왔을 때 경험 삼아 글을 하나 올렸다. 그땐 좋아요가 1개밖에 달리지 않았다. 왜 1명밖에 좋아요를 안 눌러줬을까? 생각하며 어떻게 하면 사람들이 좋아요를 더 눌러줄까 고민했다. 그리고 2번째 글을 올렸다. 그러자 좋아요가 15개로 늘어났다. 더 많은 노출과 공감을 받기 위해 고민하다 텍스트에서 사진 한 장을 추가해서 올렸다. 그러자 노출수가 30만 회를 넘으며 좋아요를 1,500개 이상 받을 수 있었다. 이처럼 끊임없이 배우고 시도해야 한다. 처음에는 아무도 신경 써 주지 않겠지만 조금씩 영향력을 넓혀가면 된다. SNS 하나만 잘해도 먹고 살 수 있는 세상이다.

엠제이 드마코의 〈부의 추월차선〉이라는 책을 보면, 내 팬 1,000명만 있으면 평생 먹고 산다고 한다. 특별한 재능이 없는 사람도 1년 정도 한 분야에 미친 듯이 몰입하면 팬 1,000명은 만들 수 있다. 아무리 마이너한 분야라도 1,000명은 만들 수 있다. 예를 들어 고슴도치를 키우는 사람이 있다고 해보자. 고슴도치를 좋아하거나 관심 있어 하는 사람이 있을까라는 생각을 하겠지만 의외로 고슴도치 매니아들이 많이 있다. 그들을 내 팬으로 만들면 된다.

어디든, 나랑 비슷한 생각과 취미를 가진 사람은 있기 마련이다. 그런 사람을 한 곳에 모아놓으면 내 잠재고객이 된다. 그들이 필요로 하는 걸 채워주고, 내가 팔고 싶은 상품이나 서비스를 판매하면 흔쾌히 사준다.

 100만 원 상당의
무료 혜택 증정
QR코드

1. 나는 어떤 투자에 관심이 많은가?

   (주식, 부동산, 코인, 채권, 펀드 등)

2. 지금 100억 원이 있다면 자산 포트폴리오를 어떻게 짜고 싶은가?

3. 내 투자 스타일은? (단기, 중기, 장기 등)

4. 나는 누구에게 영향력을 끼치고 싶은가? 그 이유는?

5. 원하는 건 뭐든지 다 할 수 있다고 가정하면
   난 어디서 무엇을 하며 살고 싶은가?

부자의 끝에는 뭐가 있을까?

자산 100억 원, 200억 원을 달성하고도 하루하루 열심히 사는 부자를 보며 궁금했다. 평생 쓰지도 못할 돈을 벌어서 왜 저렇게 살까? 돈을 벌고 불리고 키워서 나중에 뭘 하기 위함일까? 어차피 죽으면 자식들이 저 돈을 다 가져갈 텐데 본인이 좀 즐기기라도 하지라는 생각을 했다.

근데 나도 주위에서 이런 이야기를 자주 듣는다. 왜 그렇게 열심히 사냐고. 먹고 살만하면 적당히 해도 되는데, 왜 밤낮없이 일하며 하루 종일 거기에만 매달리냐고. 이는, 돈을 벌기 위함도 있지만 성장, 자기만족, 책임감으로 일하는 것도 있다. 단순히 돈만을 위해서 살지 않는다. 가설을 세우고 그 가설이 맞는지 검증하며 내 가설이 맞았을 때 얻는 희열도 있다.

돈은, 내가 사업을 잘하고 있는지, 아니면 못하고 있는지 객관적으로 평가할 수 있는 수단이다. 회사의 매출은, 사회에 영향을 끼치는 영향력의 정도라고 생각할 수 있다. 돈은 소비자에서 생산자에게로 흘러 들어간다. 생산자는 무엇인가를 만들어 소비자에게 제공했기에 돈을 받는다. 가난하다는 건 세상에 가치 있는 걸 주지 못하고 소비만 했다는 뜻이기도 하다. 일론 머스크, 빌 게이츠, 제프 베이조스와 같은 사람들이 부자가 된 이유는 그만큼 사회에 가치 있는 걸 많이 제공한 대가이기도 하다.

빌 게이츠는 이런 말을 했다고 한다. "가난하게 태어난 건 죄가 아니지만, 가난하게 죽는 건 죄다." 누구나 가난하게 태어날 수 있다. 내가 부모나 환경을 선택할 수 없기 때문이다. 하지만 가난하게 죽을 필요는 없다. 노력에 따라 충분히 가난을 극복할 수 있다.

돈을 버는 건, 마치 게임과 비슷하다. 게임을 처음 시작하면 벌거벗은 몸에 몽둥이만 하나 가지고 시작한다. 레벨이 낮을 때는 숲속에 들어가, 토끼나 사슴 같은 약한 짐승을 몽둥이로 잡아 레벨을 올린다. 어느 정도 레벨을 올리고 아이템을 장착하면 동굴에 들어가 조금 더 강한 몬스터를 잡는다. 처음부터 강한 몬스터와 싸우면 한 대 맞으면 바로 죽는다.

게임처럼, 사회 초년생 때는 맨몸으로 사회에 나가 시행착오를 겪으며 경험치를 쌓아야 한다. 자신의 시간과 노동을 통해 돈을 벌어야 한다. 처음부터 고상하게 일하면서 큰돈을 벌 수는 없다. 각 레벨에 맞게 돈 버는 사이즈가 있다. 가진 게 없다면 처음에는 직장에서 얻어맞으며 경험치를 쌓아야 한다. 거기서 고생하며 쌓은 경험치를 통해 또 다른 일을 한다. 이렇게 하나씩 경험을 쌓아가며 돈을 번다. 기회가 모든 사람에게 공평하게 가는 건 아니지만, 대한민국은 기회가 없는 나라는 아니다.

누구나 사업자등록증을 낼 수 있다. 유튜브, 인스타, 블로그, 온라인 쇼핑몰 등 무엇이 되었든, 내가 원하는 때에 언제든 시작할 수 있다. 모든 것이 자유다. 내가 하면 된다. 대중에게 도움이 되는, 가치 있는 무엇인가를 줄 수 있다면 그걸 통해 돈을 벌 수 있다.

같은 대한민국에 태어났지만, 누구는 다음 세대에 부를 물려주고, 또 누구는 다음 세대에 빈곤을 물려준다. 부디 이 책을 읽는 당신은 소중한 다음 세대에 빈곤이 아닌, 부를 선물해 줄 수 있는 사람이 되길 진심으로 바란다.

돈미새

ⓒ정윤진(돈버는형님들)

초판 1쇄 인쇄 | 2025년 2월 17일

지은이	정윤진(돈버는형님들)
디자인	ziwan
마케팅	정호윤, 김민지
펴낸곳	모티브
ISBN	979-11-990158-9-0 (03320)
이메일	motive@billionairecorp.com